阎锡山
回忆录

阎锡山 / 著
张殿兴 /

YANXISHAN HUIYILU

人民出版社

目　　录

一、我幼年的时代背景与献身革命的经过

　　我生于中华民国纪元前二十九年（清光绪九年，公历1883年），那时中国与世界交通已达百年，因一切不图进步，故事事相形见绌。在我的幼年时期，中国正处于政治窳腐、军事失利、经济落后、外交无能的极度黑暗时代中。清政府黯于时势，当维新而不维新，有志之士咸认政府即亡国之前导、救国之障碍，无不义愤填膺，期以改造政府挽救国家为己任。但因主张不同，遂有保皇党（又称立宪党、维新党）与革命党（初称兴中会，继改组为同盟会）之分立门户。前者以康有为先生为首，主张君主立宪。后者以孙中山先生为首，主张民主共和。

　　康有为、梁启超戊戌变法立宪，受慈禧太后之阻挠而一蹶不振。慈禧之所以一意阻挠立宪，乃受中国四千年传统的家天下思想所驱使，为了维护子孙帝业，即置国家安危于不顾。殆至我革命党之力量屡仆屡起，澎湃全国，清廷方图于癸丑（辛亥后二年）立宪，已不及措。后人每有谓"戊戌立宪，万世帝王，癸丑立宪，国破家亡"，这实在是对领导失时者之真实写照。

　　中国四千年来君位传子专制的家天下思想，不只铸成了政治的保守，抑且阻碍了物质的发达，中国的贫穷，实以此为根因。这

是我自己的一个看法,我并且十分相信我这个看法。有人说中国文化不注重发达物质,反对奇技淫巧,即妨碍了发达物质,我认为这是一个极不公平的批评。因为中国文化提倡"正德利用厚生","正德"是以德显能,"利用"是以物养人,"厚生"是美善人生,最注重发达物质。"孝悌力田",即是重农。"日省月试,既禀称事,所以劝百工",即是重工。至排斥奇技淫巧,不是指发达物质说,是指在不适于人生处耗费精神说。中国由古以来教民生活,不贵异物贱用物,不做无益害有益,这话反面是打击奇技淫巧。正面即是提倡发达物质。唯实现正德利用厚生,必须是天下为公的政治,不幸中国君位传贤只历两代,为时一百六十余年。即变为传子,一私一切皆私。在此君位传子的专制政体下,很难父贤子贤孙孙皆贤,为保持不贤子孙的君位就要忌妒民间的贤能。此所以中国历代民间发明虽多,不只得不到政府鼓励推广,反遭到政府的打击。此等行为,尤其在二千一百多年前秦始皇统一了中国以后为最。继秦两千年来的政权,做法虽变,但均师其意。盖中国当时无敌国外患,所虑为其子孙君位之害者,就是中国人民,因而一味施行愚民弱民的政策,不只是物质学问不能发达,即精神学问亦成了民间的产物,而不是政治的产物。

中国儒家的学问,"货恶其弃于地也,不必藏于己,力恶其不出于身也,不必为己",是发达物质的最高动力,亦是道德能力精神物质合一的圆满道理。中国由古以来,说人民的幸福,一为寿,二为富,三为康宁,四为攸好德,五为考终命。亦必须加大生产力,真正为发达物质的动力,其余寿、康宁、攸好德、考终命。亦均须发达物质来完成。所以说中国物质科学不发达,不是受中国文化的影响,而是被君位传子专制政体的政治力量所枷锁。明末李自成造反,就是因政府忌妒他富而好施迫成的。

为笼络才智而开科取士,亦为维护君位的一个重要政策。这一政策发展到八股文时代,可谓极尽控制人思路、耗竭人脑力的能事了。我就读私塾时,尚习作八股文,深感其在人脑中是悬崖绝壁,有时苦思终日,写不出一个字来。不同于研究科学之有道路,有阶梯。所以我常说:假如把作八股文的精神用于研究物质科学,其成效不知有多少倍。

我十九岁时(清光绪二十七年,公历 1901 年)为时势所驱,认为欲有补时艰,有济国危,只有投笔从戎,乃考入太原国立武备学堂。越三年,清政府选送日本学习陆军。山西那一次共去了二十个人,其中我和姚以价、张维清三人是北京清廷给以公费,其余十七人是省给以公费。当出国之前,山西巡抚(俗称抚台),张曾敫等所谓五大宪(抚台、藩台、臬台、学台、道台)对留日学生谆谆告诫:到日本后千万不可接近革命党人,以免误入歧途。提到孙中山先生,尤其极尽诋毁之能事。但我一登上日本的船只,就不禁有无限的感慨! 人家船上的员工做甚务甚,谦虚和蔼,人少事理。与我们中国人的做甚不务甚,骄横傲慢,人多事废,显然是一个进步与落后的对照。比至旧本之初,虽对日本何以国小而强,中国何以国大而弱,不断在脑中萦回,然因临行时清官吏之言犹在耳,仍存心拒与革命党人往来。但逐渐由所听到的话与所看到的书中,感到清政府误国太甚,特别是有一天偶尔翻阅保皇党出刊之《中国魂》,益谂知清廷之腐败无能,清官吏所吩咐千万不可接近革命党人的话,至是在我脑中全部消失,遂决心加入推翻满清政府的革命。

斯时正值孙中山先生在海外倡导革命。我闻其说,奋然兴起,即由结识而参加其所领导之革命运动。翌年(清光绪三十一年,公历 1905 年)中国革命同盟会(简称"同盟会")在东京成立,我们参加革命运动之同志,均为同盟会会员。我开始参加革命运动,距我到日之初仅仅三月,而我个人对革命事业之背向,则自觉判若两人。我由此深深感到为政不可落后了时代,如落后了时代,则所培植之人才,皆为崩溃自己之力量。清政府选送日本士官学校第六批之留学生二百六十余人,超过前五批的总和,不能说不注重留学生了,但参加推翻清政府的革命运动的,也多是我们这第六批留学生,这完全是清政府领导失时所致。

我们在日本时,清廷曾要求日本驱逐中山先生,并禁止革命书刊,日本政府未予接受。当时留学返国的革命同志,被清廷残杀者屡有所闻,我们即从日本致函北洋大臣袁世凯与南洋大臣端方,要求他们停止残杀,如不接受,即不惜以一万革命同志的生命换他们两人的生命。我们返国之后,一则因清廷建立新军,须以留学生为主干,二则因我们对袁世凯、端方的神经战,使他们有了戒心,于是这一批留学生很快地都在清军中取得职位。

曾记得加入同盟会的誓言中有"驱除鞑虏,恢复中华,建立民国,平均地权"四句话,我对"平均地权"这一句话的意义不甚了解,有一天向中山先生请教。他告诉我说:"平均地权的'权'字,不是量,也不是质,这也就是说,不是说地亩多少,也不是说地质好坏,是说他的一种时效价值。"我听了说:"我还不明白。"他说:"我给你举一个例子,如纽约原来是个沙滩,可以说不值一个钱,现在因繁盛起来,一方尺地即值银子七百两。"当时我未问一方尺的尺是英尺,还是公尺,但我曾问:"美国也是花银子,说两数吗?"他说:"不是,美国的货币,名叫套如,一套如约等于我们中国一两银子,我说一方尺值七百套如,你一定不晓得是什么价值,所以我和你说是值七百两银子。"我说:"那么,你所说的'平均地权',就是平均这一文不值涨到七百两的地价么?"他笑了笑说:"你说对了。"他继续说:"原来一文不值,今天值到七百两银子,不是人力为的,也不是造化予的,这纯乎是因国家经营所提高,不应当让地主享有,应该由国家享有。"我说:"我明白了。"他又说:"如纽约的这一种事实,世界上太多了。就我们中国说,上海、天津、汉口、广州都是这样,而且还在继续发展,因此我认为应该实行平均地权。"我接着问:"商埠码头可以如此,普通都市也可以如此吗?"他说:"凡有此种事实者,均应如此。"我又问:"耕作地是否可以如此?"他说:"耕作地因国家经营提高价值的事很少。"我复问:"因人力改良而增长的地价可否归国家享有?"他说:"不可,人力改良的应归出人力者享有。"这一席话历时三十分钟,在此短短三十分钟的谈话中,中山先生问我:你明白了吗? 总在十次以上,那一种谆谆诲人的亲切态度。至今思之,尤觉敬服不置。

我加入同盟会之后,中山先生指示我们学军事的同志不可参加外部活动,以保身份之机密,但应在内部建立一纯军事同志之组织,负起革命实施之责。此组织定名为"铁血丈夫团",盖取孟子"富贵不能淫,贫贱不能移,威武不能屈"之义。参加此组织的二十八人中,山西即有温寿泉、张瑜、乔煦与我四人,其他如浙江黄郛、江西李烈钧、陕西张凤翔、云南罗佩金、湖北孔庚等,都是辛亥前后之革命中坚人物。

我在日本留学,于东京振武学校肄业两年半,弘前步兵第三十一联队实习一年,东京士官学校肄业一年半。振武学校是从第六批中国留学生起,专门为中国学生设的。士官学校的中国学生亦不与日本学生同住,且上课亦不在一起,因为日本有若干秘密,是不愿让中国学生知道的。在此五年中,我的时间多用于联系革命同志,开展革命工作。暇时常与李烈钧、唐继尧、李根源、朱绶光等分析时事,研究政情,并曾编著《革命军操典》与《革命军战法》。《革命军操典》注重编制之改善,《革命军战法》则注重夜战,均为适应回国革命而作。实际用于功课的时间不及其半,故每逢考试,辄以意为之,尤其算术一课,多不按公式计算,虽得数能对,老师亦仅给以及格分数。

我留日期间,正值明治维新,不论政治上与社会上都是一片振兴气象。最使人历久不忘的两件事,一件是你无论向任何人问路,他们无不和和气气地告诉你,甚至领你到达你所询问的路口。另一件是你无论在任何地方丢失东西,一定有人想尽方法给你送还。

还有日本人崇敬军人的精神,也使人十分感佩。我在士官学校时,有一次舍营,演习之后,汗透重衣,人民拿出他们的衣服,让我们穿上,然后替我们将衣服洗净熨干,并招待我们饮水吃饭,吃了晚饭之后,向我们说:"你们早点睡吧,明早集合的时间我们替你们打听,叫你们起来,为你们预备早餐,不用你们操心。"

又有一次行军路经一个乡村,见有些老年女人向军队拱手,若敬神然。我以后向日本人请问为什么如是恭敬军人?他们说早年日本政府有云:"敌人的军队来了。你敬神神不能替你打敌人,能替你打敌人的是军人,你与其敬神,莫如敬军人。"因此老年的女人尚有这种印象。

日本维新,以发扬武士道、提高军人精神,为其主要目标。我到日本的头两年,正值日俄战争时期,我曾问过日本友人说:俄国是一个大国,军队装备又好(那时管退炮日本尚不能制造,战场上掳获俄国制造者,始行仿造),你们日本有没有战胜的把握？他说:有。我说:你这话有何根据？他说:俄国人警告顽皮小孩子的时候,常常说:你再不听话,就送你到军官学校。他们存着这样的轻军心理,我们对他一定有胜利的把握。但凡事过犹不及,这一段时期,在尚武上俄国是不及,日本是过,俄国在日俄战争时固然招致了失败,日本在第二次世界大战时,由于军人骄横,自由行动,亦难免失败。

日俄战争时为日本军人精神最盛时期,日俄战后即渐渐减退。因为战争一结束,社会党(社会上称之为"过激党")的传单逢军人即散,传单上充满了讽刺的话,比如说,你们军人死了许多,为日本换来了什么？无非是军人的荣誉与资本家开发满洲的利益罢了。在此种煽动下,很快的就有小部分军队哗营的情形。

日本当时的社会党和掌握下层社会的黑龙会,对中国革命运动都很表同情与赞助。同盟会的盟友与他们过从颇密,对他们的活动亦多支持。有一次,日本社会党人大衫岩,因被日政府下狱,他夫人及其同党人向我求助。我想到中国留学生患病住院,领事馆每日可给医疗费日币五元,我遂佯装患病,经过一位德国医学博士(亦社会党人)诊断,允准住院。我一直在医院住了六个月,把向领事馆领到的医疗费,除了医院费用,所余九百日元,悉交大衫岩夫人。日本政府那时对社会党人甚为敌视,这位朋友是社会党的活跃人物,因而不幸于日本大地震时被日本政府假罪处死了。

民国纪元前六年(清光绪三十二年,公历 1906 年)奉中山先生之命,偕盟友赵戴文各携炸弹一枚,返国布置华北革命。至上海港口时,因知海关检查甚严,乃将赵君所携之炸弹亦集于己身,并向赵君说:"如检出来,我一人当之,你可不承认是与我同行之友。

检查时，我站在前列，你站后列。"赵君说："我站前列，你站后列如何？"我说："站后列有畏惧检查之嫌，易被注视，仍我站前列为宜。"果然，检查人员检查后列较前列细密，我遂得渡此难关。其后我向赵君说："愈危难处愈不可畏缩，畏缩则引人生疑。"行抵汉口，在一家旅馆中，很凑巧地看到墙壁上有墨笔写的两行字："事到难为宜放胆"，"人非知己莫谈心"。我想那一定是革命党人所题，若非革命党人，脑筋中就不会动此感想。回晋后，在家中住了五天，即到五台山周围各县与雁门关内外旅行，向各处学生、教师、商人、僧侣运动革命，历时三月，复赴日本。

其后在弘前步兵三十一联队实习的阶段，看见上海报载，广东钦州被革命军占领，兴奋之余，即向联队提出因病请求退学之条呈，因为那时我的《革命军战法》已经编成，急欲亲往钦州参加革命行动，对我的《革命军战法》实际作一试验。结果日本联队长未批准我的退学请求，当批驳之条呈发下，又见报载钦州已被清军克复。于今思之，方觉我当时的举措未免冲动。

民国纪元前三年（清宣统元年，公历 1909 年）毕业返国，绕道朝鲜旅行，经京城（今汉城）时，适逢朝鲜大臣下朝，人人皆沿墙边小路而走，且每行数步，即掉头向我窃视，其状如鼠之畏猫然。因我穿的是西装，与日本人无大分别。一望朝鲜大臣之可怜模样，即知其在路上常受日人凌辱，以故未敢坦行，亦未敢直视。住旅馆后，朝鲜报社记者来访，最后含泪无言而别。至平壤，见有一座建筑崭新的楼房，经询问获知为妓女学校。我当时深感亡国之民，生命财产廉耻均无以自保，因而于辛亥革命成功之后，向山西人民普遍讲述亡国之可怕，大声疾呼地提出"救国要在国未亡之前努力"的口号。为进一步使省人以目睹事实自警警人，曾发动山西各界人士组织韩国参观团,由冯曦领导,前往韩国参观。他们于回国后曾将参观报告印散山西全省人民,以是山西人民对亡国惨痛都有比较清楚的认识。

二、掌握山西武力与太原起义前后

　　同盟会因为种种关系,把革命任务分开了江南、江北两部分。中山先生与同志们研究发动起义的地点,大家都主张在江南。因为一方面江南离北京远,发动起来,北方的清军不容易集中反击;另一方面江南有海口,易于输入军需品及得到外力的援助,且江南的革命潮亦较江北为高。因此,江南、江北所负的任务就不同了。当时决定山西所负的任务是革命军到河南时,山西出兵石家庄,接援革命军北上,这是辛亥革命以前的决策。

　　当辛亥革命的前夕,山西军队分新军与旧军两部。新军为一个混成协(旅),下辖步兵两标(团),骑兵炮兵各一营,工兵辎重兵各一队(连),姚鸿发任协统(旅长)后,将骑兵营和工兵队拨归一标代管,炮兵营和辎重兵队拨归二标代管,全协共四千余人,悉驻太原。旧军为巡防队十三个营,亦共为四千余人,除分驻绥远、大同、代州(代县)、平阳(临汾)者外,驻太原者计三个营。旧军保守太甚,不易向革命方面转变,新军则大半为我与我的盟友或同学所统率。我回晋之初,被派为山西陆军学校教官,三阅月升任监督,旋为实际掌握新军,以种种努力,获调山西陆军第二标教练官(中校团附),一年后升任标统(团长)。这时一二两标虽改名为八十五标与八十六标，但人仍多以一二标称之。其间清廷于北京举办留学生朝考，我遵命前往应试，得中举人。

那时山西军中的山西籍人不过十分之二，且多是所谓"老营混子"。我于就任标统后，为使新军易于掌握，且易成为有朝气、有团力之革命武力，于是提倡征兵，山西巡抚丁宝铨与新军协统姚鸿发咸表赞同。而此事之得以迅速成为事实，则尤应特别归功于山西咨议局局长梁善济的支持。征兵制度实行之年，新军步兵两标中十分之六以上的兵员即皆成为山西籍的劳动农工。其明年，新兵与旧兵就成为八与二之比了。

姚协统鸿发虽非革命党人，但与我交情甚笃。他升任山西督练公所总办（主全省兵事者）后，曾向我说他已与北京方面洽妥，我出五千两银子，他所遗协统之缺由我升任。因为他父亲时为陆军部侍郎（次长），他向陆军部主管人关说此事，甚有把握。丁巡抚宝铨、梁局长善济亦皆劝我出此。我则以革命的事全在下层，离得下层远了，即不好组织革命力量，掌握革命行动，遂婉谢之。

为进一步使两标新军革命化，我与盟友赵戴文、温寿泉、南桂馨、张瑜、乔煦、常越日夜密谋，决定一面发起成立山西军人俱乐部，表面上研究学术，实际上团结革命同志，暗中鼓励革命；一面组织模范队，表面上作训练的表率，实际上作起义的骨干。

我第一次回国时由日本带回之炸弹，一直由我们的同志保存到辛亥革命的前夕。本来打算以一颗由王建基飞徐翰文携绥远，一颗留太原，俟秋季祭孔时，同时分炸绥远将军与山西巡抚。嗣经再三斟酌，此种举动之后果，非我们所能把握，不若运用军队成功，再举义旗，在革命前途上更为有利，且能符合同盟会全盘革命计划，遂即决定中止。

　　我没有等到革命军到河南，就紧跟着湖北武昌之后，在太原起义。这并不是既定的计划，而是受了事实的逼迫，使我不得不提早行动。在山西巡抚陆钟琪于武昌起义后，特召其子亮臣来晋，作缓和革命之计。亮臣与我是日本官士学校同学，但属泛泛之交，主张亦不接近，不过他知道我曾参加同盟会，且是铁血丈夫团中人。他到晋翌晨，即访我谈话。一见面就说："我此次来，即为与兄研究晋省对武昌事件当如何应付。兄有意见，弟对家父尚可转移。"我当时答复他说："武昌事件的真相，我尚不知，黎元洪究竟系为革命而起义，抑系别有原因，我也不明白。是不是我们现在谈应付武昌事件的话，还有点太早。"他又说："我们还可以再观察几天，不过我可以和你说，最后需要家父离开时，我也能设法。"我笑了一笑说："这话说得哪里去了，你来，我们更说不到那样的话了。"他临行时，又和我说："过两天，我们是不是可以和兰荪（姚鸿发字）一起谈谈？"我说："可以，你通知他，还是我通知他？"他说："我通知吧。"

　　在这时候，有两件事逼迫得我实在不能等候。一件是山西有五千支德国造的新枪，要借给河南三千支，随带子弹，且已运走一部分。另一件是要把一二两标分别开往临汾与代州，而由巡防部队接替太原的防务。亮臣与我见面的当日晚间我就到姚总办处问说："亮臣曾否来访？"他说："来过了，他并且说和你谈得很好，是不是再过几天我们共同谈谈？"我说："总办决定吧！"我辞出后，向督练公所的办公人员打听，知道运枪与开兵的事，已决定赶速实行。此时我益猜疑陆亮臣此来，完全是想敷衍住我，把运枪和开兵两事做成。而此等计划，不只是陆巡抚一人打此如意算盘，官绅军界中亦均有参与谋者。

我从督练公所回来,赵戴文同志就在家中等我,一见面就问我说:"陆公子来干什么?"我说:"他也是计划响应武昌。"他说:"可靠么?"我说:"我们今天不研究他可靠不可靠,我正要找你研究由他来得到的感想,作我们决策的依据。"他接着问:"你看他究竟来做什么?"我说:"顶好也是敷衍住我们,完成运枪开兵的事,然后静观革命情势的发展,如果革命有过半成功的成分时,拥戴上他父亲,联合上大家,作一个突变,与响应武昌起义是不会有丝毫实际效用的。"他说:"事既如此急迫,是不是要和大家商量个办法?"我说:"革命是个危险事,与大家谋,不易成功,反易泄露。"

这段话谈完之后,我就与赵戴文同志估计了一下我们在新军中可能使用的力量,认为我的二标的三个管带(营长)张瑜、乔煦都是我们的坚强同志,只有瑞墉是个旗人,其余下级军官都很可靠,行动的时候,只要把瑞墉一个人囚禁起来,即无其他顾虑。骑炮营是些老军人,不赞成,也不会反对,且炮兵中有不少下级军官和头目(班长)是我们的同志,可能控制该营。工辎队虽不同情,亦不会有急剧的抵抗,且人数又少,关系不大。需要特别注意的,只有一标,因为一标的黄国梁标统与我私交虽好,但不是同志,他的三个管带白和庵、姚以价、熊国斌亦然,故只能从下边运用,因为队官(连长)与头目之间,我们的同志还不少。研究到这里,赵戴文同志说:"姚以价不是你的同学么? 他虽然是保皇党,但保皇党已无前途,你是不是打算在他身上用力?"我说:"是的。但按他的性情,不加逼迫,他不愿冒险,他所以不参加同盟会而参加保皇党,就是因为不愿冒险,不过逼迫他的路子还有。"

越数日,首先接到开拔命令的是一标一营,开拔日期为阴历九月初八日(阳历 10 月 29 日)。我得到这个消息后,认为起义的时间不能再缓,即决定于九月初八日起义,时为武昌起义之后 19 日。起义的前一天,我派张树帜同志去一标运动,并吩咐他先运动同志中的下级官和头目,再影响非同志的下级官和头目,将下级官和头目运动好后,以下级官和头目带起军队来,逼迫营长,只要他们不障碍,就不可毁伤他们。一面并嘱该标见习高冠南纠合同志暗中协助,先从一营入手。因一营奉令于九月初八日出发,出发之营,于出发前一日,方发给四万粒子弹,二、三营尚未奉到出发命令,故未领到子弹。联系的暗号,约定运用好后,即在电话上告我:"债讨起。"如运用不好,则告我:"债不能讨。"张树帜同志临行时,我又告诉他说:"你纵使运用不好,也不可离开一标的队伍,如二标发动时,你在一标能拉多少算多少,至少也要纠合我们的同志带队响应。"

张树帜同志走后,我即召集二标中下级军官同志十一人开会,我首先问他们说:"我们是遵命开拔,还是起义?"大家同声说:"我们应该起义。"我又问他们说:"一标不同情怎么样?骑炮营有没有办法?"他们说:"炮兵可以设法,骑兵没甚关系,一标至少也能拉出一半人来!"我说:"好吧!那么我们等等看,先把二标的动作研究研究!"讨论至午夜,一标有电话来,知道运用成功,当时就决定让他们回去照计划于翌日早晨开城门动作,一标打抚署前门,二标打抚署后门。开会的同志刚出了我的门,瑞坟、瑞墉之弟瑞禄就拦住大家,拉住排长李执中的手问:"你们开会做什么来?"机警一点的同志说:"研究开拔的事。"但李执中认为事已败露,遂跳了井。他们返回来报告我,我很着急,但仍命大家随时与我保持联系,照原计划行动。实则当时官场中对革命的警觉性不够。他们虽知道我们开会,并未防我们起义。

　　张树帜同志到一标运动,费的周折很大,起初不只革命与不革命的人意见分歧,即革命同志中,也有主张等队伍开出南北再行举义回打太原或围困太原的。惟因军心倾向于不开拔者多,故最后得以运用一致。首先一营中几个头目联合到三分之二的头目,将军械库开了,子弹抢了,锅盔全粉碎了,表示其破釜沉舟的决心。然后二营亦起而响应,向一营分得子弹一部,并决定翌日晨由二营管带姚以价指挥入城。

　　一、二标均联系妥当之后,时已午夜后二时,我因李执中跳井的事恐有泄漏,便拿起电话耳机听有无说法。刚拿起耳机来,就听到抚署告督练公所与提学司说:“武昌大智门克复,鄂乱不日可平,应告知军学两界。”接着听见督练公所电话叫一、二两标。当时我深恐这个消息传下去,可能遏止了翌早的举动,遂一面着人告知二标本部勿传此电话,一面听一标是否传此电话,许久迄未听得,后来才知道那时候一标本部通各营的电话早被我们的同志割断了。

　　九月初八日(阳历10月29日)天刚亮,我就到二标二营,因将该营管带瑞墉囚禁之后,需我特为照料。我并告知一、二两标对陆巡抚及其公子暂囚勿伤。兵动后,我督率二标先攻抚署后门之巡防队,因非攻破巡防队不能攻抚署后门。一标向抚署前门进攻时,协统(旅长)谭振德在抚署门前厉声说:“你们造反啦! 赶紧回去,不究!”我革命军中有一位杨潜甫同志(杨乃山东曲阜人,亦为同盟会盟友,系盟友赵守钰任二标三营督队官(营附)时,经另一盟友贾铭甫之介绍召其来晋者,起义前一日晚,一标破釜沉舟的行动,也是他领导起来做的),反激他说:“协统也知道革命的大义么? 如知,指挥我们向前,否则,请退!”谭尚力阻不退,杨潜甫同志乃举枪将其击毙,奋勇当前,带队冲入抚署,抚署卫兵未作抵抗即纷纷溃散。陆巡抚此时衣冠整齐,立于三堂楼前。陆公子亮臣随其旁。陆公子说:"你们不要动枪,我们可以商量。"陆巡抚说:"不要,你们照我打吧!"当时因陆巡抚之随侍有开枪者,遂引起革命军之枪火,陆巡抚与其公子亮臣均死于乱枪之中。陆巡抚、谭协统、陆公子,与我们的立场虽异,而他们忠、勇、孝的精神与人格则值得我们敬佩。因为立场是个别的,人格是共同的,故我对他们的尸体均礼葬之。

是日,山西咨议局及军政民代表集会,举我为山西都督,温寿泉同志为副都督。我在就任都督的大会上,曾向军民说:"太原虽然光复,不可认为成功。因革命如割疮。我们以往等于医学校的学生,今天才是临床的大夫,亦可以说今天才是革命的开始。原与孙先生约定革命军到河南时,山西再动,今不得已而早动,对全局好处固多,而我们的困难亦甚大,愿与诸同志军民本高度的革命精神与清军作战,先求固守。"在与文武僚属的集会上,曾向大家说:"只为人谋,不为己谋,成功是成功,失败亦是成功,圣贤是也。为人谋,亦为己谋,成功是成功,失败是失败,豪杰是也。只为己谋,不为人谋,失败是失败,成功亦是失败,糊涂人也。吾辈当勉作前者,忌作后者。"在与我的同志的集会上,曾向他们说:"蠢人事听天命,为社会上普通的道理,我们革命同志应当具有'谋其事之所当为,尽其力之所能为,天命与人事何分'的意志。"这三个场合上说的这三段话,我现在忆及,犹历历如在眼前。

经过整天忙乱之后,傍晚才到寓所接受亲友对我的道贺,因为这一天适为我二十九岁的生辰。在我自己实在没有兴致顾及这些私事,因为从这一天起,革命的担子更沉重地压在我的双肩上,一切一切都需要亲身处理与担当。

就在这一天晚上，我住在二标二营，一标三营管带熊国斌忽然带着他的全营兵来，一见我就说："我是来保护都督来了。"我素日深知他是巡抚派，此来必然是乘我不备为陆巡抚报仇。我毫不迟疑地答复他说："好吧！你先命你的队伍架枪集合，集合好后向我报告，我给他们讲话。"当他再进来向我报告时，我就一枪将他击毙，并向他的部下宣布说："熊国斌是要反革命，现已被我处决，你们赞成革命的枪架原地候命，不赞成革命的自动回营。"结果有两连留下，其余溃散，结束了这一惊险的场面。我从献身革命迄今，有八个自分必死而未死的场合，这可说是八次中的第一次。

虽然在我举义之次日，清廷即下诏罪己，准许革命党人依法组党，但有识者皆知此不过缓和革命欺骗世人的手法，并非真心悔过；为中国的前途计，必须彻底摧毁满清的统治。我虽然向军民宣布先求固守，然我的内心中总认为山西在崇山峻岭之中，对清廷影响尚小，顶好是出兵直隶（今河北）正定，一方面可堵住山西的门户，另一方面可断绝平汉路的交通。唯感力量不够，又不敢轻作尝试，于是仅先移师一部进驻娘子关，视清廷对我行动，再作攻守之计。果清廷命第六镇（师）军由旅长吴鸿昌统率，向山西来攻，并辅以旗军，而防其贰。

我正与诸将俨及幕僚人员集议如何迎击清军进攻，忽有清军第六镇统制（师长）吴禄贞将军之参谋周维桢君持吴函来见。吴将军给我的信，开首说："公不崇朝而据有太原，可谓雄矣。然大局所关，尤在娘子关外。"继又说："革命之主要障碍为袁世凯，欲完成革命，必须阻袁入京。若袁入京，无论忠清与自谋，均不利于革命。望公以麾下晋军东开石家庄，共组燕晋联军，合力阻袁北上。"吴禄贞将军为士官同学，唯较我早四期，故前未之识，但我深知其归国后，积极致力于革命工作，故当时即拟以同意复之。但我的幕僚人员则以为应防其诈，我说："岂有骗人的吴禄贞么？"他们都说："今清廷势力尚属完整，不能不加防范。"于是决定先与吴军合歼旗军，以清燕晋联军之障碍。当托周维桢君建议吴将军先令旗军攻固关，晋军击其前，吴军击其后，旗军歼，燕晋联军之举自可实现。

从周维桢君的谈话中，知道在太原起义之同日，驻滦州清军第二十镇统制张绍曾，协统蓝天蔚驰电清廷，促请立宪，并削去皇族特权，组织责任内阁。清廷深惧滦军兵临城下，一面令资政院起草宪法，对张等传令嘉奖，一面派吴禄贞将军赴滦宣抚。张、蓝、吴同为士官同学，且志同道合，吴将军乃在滦军中鼓吹革命，全军为之感动。比得悉清廷令第六镇军攻晋，乃疾返军次。始欲只身入京，吁请清廷正视大局，延绥攻晋，继虑恐因滦事被执，乃诡以招抚晋军入告，清廷虽疑其不诚，然卒以山西巡抚授之，冀以爵诱。殊不知革命志士只知一义，非利禄所可动摇，清廷此一任命正给了吴将军一个联晋覆清的护符。

周归后，我复使当时担任参谋职位的士官同学仇亮促吴进兵，并在电话中与吴开玩笑："将军为巡抚所动了吧！"吴回复我说："这是哪里话，我们应该当面谈谈，共罄所怀。"于是我们就约晤于太原石家庄间之娘子关。吴将军于九月十四日（太原光复后六日）偕旅长吴鸿昌、参谋何燧依约而来。吴与我谈话中，述及袁世凯所练六镇新军，除第一镇为旗人，第六镇为吴部外，其余统制皆为袁之私人，清廷虽忌袁，此时又必须用袁，故九月十一日宣布摄政王载沣退位，内阁总理大臣庚亲王亦劬罢黜，十二日即授袁为内阁总理大臣。袁一入京,则六镇新军为袁用,即为清廷用,吾辈欲成大事,必须阻袁入京。我对他的看法立即表示赞同。当时因吴将军只带少数参谋人员进入山西革命军防线之内,充分表示他的诚意,于是我的幕僚人员亦均释其疑虑,不再坚持先歼旗军的条件。我遂即决定派一个混成旅至石家庄,与吴将军所部合组燕晋联军,吴任都督,我任副都督。临别时吴问晋军何时开动,我说:第一列车随公而后即开。

吴将军返陌队旺后,以车站票房为行辕,夜与其参谋周维桢、张世膺治军书,忽有人入,以贺问晋巡抚为言,枪击中吴要害,周、张两参谋亦同遇难。时为九月十六日午夜,实乃十七日之早一时。晋军先头部队第一营,由刘国盛率领,于斯时甫至,惊悉吴将军被刺,且见石家庄秩序大乱,乃原车返晋,并拆毁铁路十余里,以断追路。当时在吴部之同盟会盟友随晋军来归者,有孔庚、王伯轩、倪普祥、李敏之诸君,据他们说:吴将军之死,乃清廷以两万两银子买通其部下吴旅长鸿昌所图,与一般所传刺吴将军者为周旅长符麟微有出入。

此一意外祸变,使我们阻袁入京之谋成为泡影,饮恨之深,实非言语可以形容。而吴将军之英后豪爽,肝胆照人,料事之确,谋事之忠,在娘子关之短短一会,在我的心目中永远留下不可磨灭的印象。为表彰其壮烈精神,特于民国二年(公历 1913 年)发起铸铜像,建石碑,撰文表于成仁地点,以纪念之。

清廷以第六镇军经此变故,不克平定晋事,乃于十月下旬复遣其精锐第三镇军由娘子关攻入。这一支兵的带兵官,如统制(师长)曹锟、协统(旅长)卢永祥、管带(营长)吴佩孚、队官(连长)王承斌、司务长(特务长)张福来,皆为后来北洋军阀之重要人物。

　　清军击破娘子关后,我前敌总司令姚以价率众退返太原。此时有主张烧毁太原城者,有主张与清军议和者,我为保存革命力量,决定分向南北退守,以图再举。当商定由副都督温寿泉率南路军退晋南,我率北路军入绥远。当时我与大家说:"九月初七日决定起义之深夜,我即得悉武汉大智门有被清军克复之讯,那时恐影响起义之信心,始终未与诸将士言。我敢断定今后革命军必随全国人心而蜂起,最后之胜利必属于我们。革命工作是以小敌大,以寡敌众,必须经百败而后成。今日之分退,即将来合攻之基,我们的同志必须百折不回,奋斗到底。"

　　乘马出北门后,我与偕行之总参议赵戴文、总司令孔庚、兵站司令张树帜三同志说:"今日在马上身轻欲飞,才感到世所谓'如释重负'之语,是怎样的情景。"盖我自起义至退出太原,历时四十五日,未脱衣,未就床,故至此特有是感。

　　北行抵河曲,得清同治年间所制上镌"神功大将军"大炮四尊,能容火药十斤,射程三华里,声闻三十华里,众以天意助我,士气大振。我乃与诸将士于阴历十一月初四日在河曲之黄河滩郑重盟誓,然后向绥远进发。二十三日行抵包头城下。包头清军欲以供给军饷不力包头城为条件,我答以限两小时腾出,否则即攻。其实我军实力不若包头清军远甚,而包头清军果于两小时内撤出,此即革命精神有无之所关。

　　入包头整补之后,继攻归绥。时清廷已调第一镇之一个旅增防归绥,官兵纯为旗人,战斗力亦强。故我归绥之战未能获胜,且因桃子壕之役前敌总指挥王伯轩阵亡,士气颇馁。夜聚诸将商之,均旨进攻恐全军覆没。我说:"胜败之机不在敌人而在我们,转败为胜,此正其时。"诸将归后,赵总参议戴文说:"观诸将战志,进攻恐难有利,将如何?"我这时才告他说:"太原咨议局暨军政界人士秘密派人赍文,欢迎我回省,我打算即刻回攻太原。因归绥是我们的副目标,最终目标是收复太原。我亦知攻绥不利,但不愿先告诸将,以防夜遭不测。"次早,我仍下令进攻归绥,前进五里后,停止待命。比及东行五里,我复下令转内南进,大家才知道是回攻太原。行抵晋北之神池,有一天主教外籍神甫来欢迎我说:"共和了! 共和了!"诸将士甚为兴奋。我对诸将士说:"共和虽已宣布,回太原尚需奋斗! 不宣布共和我不悲观,宣布了共和我们反不敢乐观。更应整饬军纪,争取民心。"

沿途风餐露宿,阴历除夕赶抵忻州。翌日接获段祺瑞电,瞩我在忻州小住,勿攻太原,俟张巡抚锡銮退出太原,再行回并。我即复电说:议和是全国的事,回太原是我的责任,清军必须迅速腾开太原,否则即日进攻。段祺瑞遂复电谓:已令张锡銮离晋回京,仍望维持和平。我当复电允诺。太原各界代表闻讯纷来欢迎,我乃率部和平重返太原,执行山西都督任务。

我于太原光复之初,即曾派南桂馨同志间关南下,向中山先生与同盟会诸负责同志报告太原起义的经过与提前动作的衷曲,并充任山西的代表。其后,光复各省代表选中山先生为中华民国临时大总统,中山先生在南京就职,以迄临时参议院成立,南北议和,清帝溥仪退位,这一段时期,正是清军由娘子关攻入,我退出太原转战绥远的阶段。当时因通信联络不便,以故这些发展一直到返回晋省才得明了。

中山先生为急求国内的统一,以溥仪退位之次日,即向临时参议院辞去临时大总统职,并举袁世凯自代。他自己则甘以在野之身赞襄政治,促进建设。民国元年(公历 1912 年)秋,先生为树立议会政治的规模，以同盟会为基础，而合统一共和党、国民共进会、共和实进会、国民公党，改组为国民党，八月二十五日在北京成立，先生被推为理事长，黄兴、宋教仁、王宠惠、王人文、王芝祥、吴景濂、张凤翔、贡桑诺尔布被推为理事，胡汉民、张继、谭廷闿、于右任等与我被推为参议。改组工作与国民党成立大会均系在先生亲自主持下进行。

斯时，张謇所领导的统一党与黎元洪所领导的民社党，又拉了几个小的政团，亦合组为共和党，推梁启超为领袖。中山先生曾呼吁两党以英美先进国为模范，以公理是非为依归，不以党见相倾轧，完成美善的政党政治。

是年九月，中山先生特由北京莅晋，十九日在太原各界欢迎大会上，曾嘉勉我们说："去岁武昌起义，不半载竟告成功，此实山西之力，阎君伯川之功。不但山西人当感戴阎君，即十八行省亦当感谢。何也？广东为革命之原初省份，然屡次失败，满清政府防卫甚严，不能稍有施展，其他可想而知。使非山西起义，断绝南北交通，天下事未可知也。"又在山西商学界欢宴上演讲说："前在日本时，常与现任都督阎君谋划，令阎君于南部各省起义时，以晋省遥应。此所以去年晋省闻风响应，一面鼓励各省进行，一面牵制满兵南下，而使革命之势力迅疾造成也。"又在我的欢宴会上演说："武昌起义，山西首为响应，共和成立，须首推阎都督之力为最。今非享福之时，尚需苦心建设十年，方可方享福。文摒一己权利，为四万万同胞谋幸福，愿与各位共勉之。"这对我实在是过奖之辞，而山西革命同志与全体军民受此鼓励，则感到万分兴奋，并对我们伟大领袖孙总理永远崇拜不已。总理临行时，特嘱："北方环境与南方不同，你要想尽方法，保守山西这一块革命基地。"

三、"二次革命"的波折与民初山西的境遇

　　民国元年(公历 1912 年)7 月,广东都督胡汉民来电说:"近得京友确报:中央现主极端集权,实行军民分治,收军权财权暨一切重大政权,悉襫中央,惧各省都督之反对,则大借债,以操纵之,虽失权于外人,亦在所不惜。此后救济之法。唯有联络东西北各省反对力争,或可补救一二。"旋接江西都督李烈钧电,亦同此意,并力主应以地方监督政府,不使政府操纵地方,以免失权外人,复陷专制。我当时对他们的主张深表同情,于是很快复电赞同,并说明:"地方分权,古今通义,征诸历史,根据甚深。且中国省界之大,动逾千里,非东瀛府县西欧州郡所可比拟,即授以各国地方行政之权,尚觉轻重失当,遑论集权中央。况当建设时代,伏莽未靖,军政民政其榷不容分属,宜授各省都督以行政特权,限以年岁,使其厉行整理,因循玩愒,届期不学者,严加惩处,使政府与地方互相维持,互相监督,庶政府之野心不萌,而各省亦不至逾权越限。俟国基巩固,然后徐图集权,尚未为晚。"

　　这一联电力争的行动,李烈钧同志和我曾广为联络,经过一个多月的努力,明白复电给我不表赞同的,只有四川都督胡景伊,积极表示赞同的,则有湖南都督谭廷闿、江苏都督程德全、奉天都督

赵尔巽。我初以奉天赵都督老成望重,由其领衔入告,较有裨益,李烈钧同志亦表同意,嗣经我驰电相询,赵君不愿领衔,乃推广东胡都督主稿,由江苏程都督领衔电京。

奉天都督赵尔巽本是满清重臣,曾经做过山西的巡抚,当宣统退位前,他是东三省总督,其力量几与袁世凯相埒。袁世凯深知不释赵之兵权,即难实现迫清帝退位而国政自为之迷梦,所以经过颇费周折的运用,卒至撤销了东三省总督,而任赵为保安会会长,才公开其倒清之举动。赵之所以参加我们反中央集权的行动,我之所以提议推赵领衔,皆以此为前因。江苏都督程德全在赵尔巽任东三省总督时,曾任奉天与黑龙江巡抚,其后调任江苏,民元曾任孙大总统之内务总长,对革命颇表同情,是以亦参加我们这一反中央集权的行列。结果这一行动并没有收到预期的效果,反益增中央对地方之疑忌。这是"二次革命"以前的一件事,亦可以说是"二次革命"的前因。

民国二年(公历1912年)二月正式国会成立,国民党籍议员占了最多的席次,政府国会之间果能真诚合作,则国家即已步入宪政坦途。乃不幸三月二十日本党代理事长宋教仁先生被刺于上海车站,接着四月二十六日政府未经国会同意,又与五国银行团签立了两千五百万英镑的大借款合同。于是国会哗然,张继首以能议院议长资格通电反对借款。及至众议院选出汤化龙为议长,政府始将大借款案咨请国会备案,此时汤化龙虽合共和、统一民主三党为进步党(黎元洪为该党理事长),以与国民党抗衡,并未能使国会通过此案。同时各省军民长官并纷电责难,而江西都督李烈钧、广东都督胡汉民、安徽都督柏文蔚反对尤烈。本党对此问题之态度颇不一致,中山先生主张与师讨伐,黄兴先生主张循法律途径解决。中山先生之主张系一秉为党为国之大义,而黄兴先生之主张亦系基于保全革命力量之苦心。武昌黎元洪副总统为平息政治风潮,提出"宋案"划归法律,静候法庭解决,借款予以追认,而审计用途,颇获多数省份的赞同。衡诸当时本党同志所能掌握之武力,实不足以与袁军抗衡,审时度势,我遂一面联合各省呼吁和平,一面连电黎副总统请其迅速领衔调处,云南都督蔡锷、陕西都督张凤翔亦与我采相同之行动。

　　结果,黎副总统之调处未见端倪,而袁总统于六月九日至七月一日先后下令罢黜李烈钧、胡汉民、柏文蔚三督,且遣李纯驰兵扼驻九江,赴赣之师又源源出动。斯时复值俄人嗾使库伦内犯,绥晋首富其冲。我于忧愤之余,特于七月七日上袁总统这样一个电报:

　　"北京大总统钧鉴:窃锡山本一介武夫,罔知大计,滥竽民国,毫无建白。自宋案发生,适逢借款成立,人心摇动,讹言四起,忧国之士每虑南北水火,演成分裂之势。锡山窃以为中国之患不在南而在东,南北虽兄弟阋墙,可以理喻,满蒙为强邻虎视,必以力争。溯武昌起义,各省响应,我大总统置身于两疑之地。忧深虑远,统筹兼顾,津京秩序得以保持,近卫师团翕然听从,亲贵财产不尽落于外人之手。驯至清帝退位,民国告成,兵家所谓全国为上,我大总统有焉。当事之方急,克强(黄兴字)诸公驰驱战地,危在疆场,我大总统侧身京师,愠于群小,其谋国也同,处忧患也亦同,今以一事之误会,意见之微异,酿成同室之争,但略予疏通,即可涣然冰释。而环观全球,外患丛集,积薪厝火,危不可言。东邻野心,早暗视满洲为己有,彼胜俄之后,犹不敢据领之者,实因俄有以牵之也,不得已与仇俄协约,意在平分。更有迫日本以不容缓图者,即美国巴拿马运河开通是也。菲律宾虽属美之领土,实在日本势力范围之中,而日所以不敢取之者,以与俄战后之元气未复耳。美国亦知其终难和平解决,甚欲乘其元气未复之时与之一战,唯因巴拿马运河未通,大西洋军舰运输不便,故迟迟未发。日本亦深知巴拿马运河开通之后,彼在东亚势力美必出而干涉,乘此运河未通,则攫我满土,愈不容缓,特无隙可乘耳。今宗社党盘踞东省,与日人以可乘之隙,而日人乘机以接济之,南北风潮叠起,又与宗社党以可乘之隙,而日人又从中推助之。日政府非求好于南,而意实在满也。若堕其奸术,则瓜分立召。东而满洲将成朝鲜之续,西而新甘一带多系升允(清陕甘总督)党羽,倘出而号召,扰乱堪虞,北则蒙古煽动,中俄协约将成泡影,西藏喇嘛久蓄叛志,英人野心,其欲逐逐,而内地好事喜乱之徒,难保不乘机窃发。加之我国会匪遍地,群盗满山,教堂林立,洋商麕集,一旦溃决,外人之生命财产将何以保持,势必惹起列强干涉,国之不国瞬息间耳。言念及此,实堪痛心!推其由来,皆因木腐虫生,疑忌之一念所致。伏思黎副总统倡义武昌,力维大局,我大总统与孙黄诸公缔造民国,艰苦备尝,推其初心,无非救国,而经营年余,险象环生,堂堂神州,倘不亡于满清。而亡于民国诸公之手,则天下后世将谓我大总统何?今者三督解职,足征无他,望我大总统开诚布公,敦请孙黄二公入都,共图国事,破除党见,一致进行,则内忧潜治,外患自灭。其亡其亡,系于苞桑。民国幸甚!中国幸甚!山西都督阎锡山叩阳印。"

本来李烈钧对袁已有"遵令觅官"的复电,胡汉民亦有"请授赴藏方略"的表示(胡免粤督后,被任为西藏宣抚使),袁若不再相逼太甚,尚有策商余地。而袁军向李烈钧等横施压力,李纯部先在九江发动攻势,李烈钧乃于七月十二日在江西湖口宣布独立。不数日,黄兴响应于南京,陈其美响应于上海,安徽柏文蔚、广东陈炯明、福建许崇智、四川尹昌衡、湖南谭延闿亦先后独立，纷纷组织讨袁军，实行"二次革命"。长江流域独武昌黎副总统与浙江都督朱瑞宣布保守中立。中山先生特发表宣告，促请袁氏辞职，以息战祸。袁氏对中山先生的劝告置若罔闻，且用兵益急。结果因民军部署未周，且与袁军相较，众寡悬殊，不一月间遭到了全面的失败。

在这段时期中，中山先生深知山西处于北洋势力包围之中，形格势禁，呼应为难，特秘密派人告我沉默勿言，以保持北方之革命据点，俟南军北上，再与陕西会合，进攻北京。我刚奉到此指示不久，陕西都督张凤翔给我一个电报说：彼已与我联名拍发一电，反对李烈钧等行动。我当复电责询其故，张答复我说：此举孙（指中山先生）可谅解。我才知道我所得到中山先生的指示，他亦得到了。以故未得我之同意而出此。这时李烈钧亦有电给我，表示不满，因李与我在士官学校同屋而居，交情甚笃，故他对比颇觉意外，经我复电解释，他才知道这原是一种未曾得他同意亦未曾得我同意的苦肉计。盖当时北方诸省除我与张凤翔外，余皆为袁氏基本势力范围，张氏此举，亦可谓为保存北方仅有革命力量的一种权术。

"二次革命"失败之后，袁氏乘势要求国会正式选举总统，制定宪法。国会参众两院于十月五日联合举行宪法会议，即日先行通过总统选举法，次日就进行总统、副总统的选举，第一、二两次投票，袁氏皆未及法定四分之三的多数，在第三次投票中，始以得票过半数当选，而黎元洪同时当选为副总统。《天坛宪章》因仍主责任内阁制，未能为袁氏所接受。国会尚在议宪过程中，袁氏于十一月四日假国民党以主谋"二次革命"之罪名，而下令解散，并取消参众两院国民党籍议员四百三十八人之资格。十二日又下令取消各省议会中之国民党籍议员。

至是,国会参众两院悉以不足法定人数不能开会,各省议会亦成瘫痪状态,袁氏乃令组政治会议,研究解散国会及修改《中华民国临时约法》两大问题。政治会议先于民国三年(公历 1914 年)一月十日请袁氏解散国会,次又议定约法会议组织条例,由袁氏于一月二十六日公布。约法会议于三月十八日开会,从事于修改"临时约法"的工作,由袁氏于五月一日将修订后的"中华民国约法"公布。这一约法完全采总统制。国务卿与各部总长均为大总统之僚属,立法院议员由人民选举,参政院参政由大总统任命。六月二十日袁氏召集参政院开会,二十九日又命令参政院代行立法院职权。在此制度下的中国,不只是高度的中央集权,而且是极度的总统集权了。自然军民彻底分治,褫军权于中央的宿意,更要积极的求其速逐了。

山西是民国伊始就实行军民分治的省份,省行政首长为民政长。山西首任民政长为湖北周渤,其后为山西神池之谷如墉、河曲之赵渊、繁峙之陈钰,其间我曾兼任一度,但为时甚暂。民政长之下,分设内务、财政、教育、实业各司,以分掌各项政事。全省按河东、冀宁、雁门、归绥四道区,分置河东、中路、北路、归绥四观察使(民国二年年底将归绥亦并入北路观察使范围内),以理察吏安民诸事。

省行政各司改厅最早者为财政部门,初改为国税厅,嗣又改称财政厅,均归中央直辖,而受省监督。这也就是显明的实行中央集权,将财税权收归中央的举措。山西在国税厅时期,厅长为袁永廉,曾记得有一次因民政长陈钰不同意他的整个国税计划,即欲愤而回京。我问了他的计划以后,同他说:"你的计划实在不错,但你应计算计算,实行起来,恐怕卷房要占半个太原城。"他从此自知难以实行而不再坚持其计划,一场风波方告平息。国税厅改财政厅后,第一任厅长为李祖平。我祖父青云公民国三年(公历1914年)逝世,袁总统即派李氏代表致祭,因为当时财政厅长是在省的唯一中央官吏。

袁氏为进一步完成中央集权,曾欲废省存道,使道与中央成为直接关系。这一计划实施的初步,就是于民国三年五月二十三日明令撤销各省民政长,改设巡按使,并改各道观察使为道尹。巡按使虽然在事实上是接替了原来的民政长,但在名分上则不是行政官而是监察官,特于委派之时,由中央分别明令赋以监督财政与监督司法之权耳。此制行之既久,即可逐渐做到废省存道。

山西第一任巡按使金永是一个旗人,其人相当骄悍,是袁特别派来山西消灭民军势力的。金永到晋,初任内务司长,但一般人皆知其必主省政无疑,果于改制伊始,即实现之。当时中央为分各省都督之军权,命各巡按使成立警备部队,此令一下,金永在晋即积极成立警备队,其数初为七营,继而不断增加,形成对我的甚大威胁。

中央集权的另一措施,就是撤销民政长制之同时,亦撤销各省都督之制,无论中央与地方将领,均授以将军或上将军官职。在中央者上冠一"威"字,驻地方者上冠一"武"字,驻东三省者,则上冠以"镇安"二字。并分左右将军。中央将领威字之上,并人各冠以不同之一字,如段祺瑞为"建威上将军",蔡锷为"昭威将军"。地方将领武字之上,亦并分别冠以各该省军事要地之地名中的一个字,如我当时的官职即改为"同武将军督理山西军务"。山东都督则改为"泰武将军督理山东军务",其他各省亦然。我的同武将军的同字,是取了山西重镇大同的一个同字,山东泰武将军的泰字,是取了山东重镇泰安的一个泰字。为什么山西不取太原之名,山东不取济南之名呢?这一字之差,其用意是很深远的。那就是将来要让山西将军移节大同,山东将军移节泰安,以军政分地贯彻军政分治。这时,北京特地设立了一个将军府,为军事将领之大本营。名义上各省将军之本职亦皆在将军府,督理某省军务只是一种兼职,袁氏于民国三年六月三十日的命令中即有谓"出则膺阃寄,入则总师屯"的话。其所以改行这一制度,就是要逐渐地将军权完全收归中央。

民初中国外交上首先遭遇的一件大事,就是《俄蒙条约》。俄国处心积虑,图我外蒙,历有年所,清宣统三年,外蒙各地受俄国胁持,已纷纷独立,逐我官吏,驱我军队,俄使并曾向清廷提出蒙人自治与中国不得在外蒙驻兵,不得向外蒙移民之条件,清廷未予承认。民国元年,中国政府正拟进兵外蒙,维护我领土主权之完整,乃俄使照会:若中国进兵,俄当干涉,进而于十一月八日径以《俄蒙条约》通知我外交部,公然将俄使前向清廷所提条件定入条约,俄国扶助蒙古编练军队,且在蒙古享有特权,政府虽严词拒绝,亦属无效。

我当时认为俄国乘我民国新建,力量未充,夺我主权,攫我领土,吾人断不能坐视我版图内之一部,不亡于前清专制之时,而亡于民国告成之日,无论外交折冲能否有效,均应以武力为其后援。否则侵略者将得陇望蜀,内蒙亦恐继入俄手。特于十一月十三日电请中央准我亲率马兵一独立旅,步兵一混成旅,屯驻包头,相机进攻,万一事机决裂,即占据内蒙各盟旗,然后进窥库伦。这一电报中,特别说明:"蒙疆系我完全领土,征伐自有主权。内蒙既固,则兵力财力胥为我有,俄虽狡猾,然为我国兵力所及之地,当亦无词以难。即或派兵暗助,亦属鞭长莫及。如此筹计,我既有最后之设备,彼亦将知难而退。"政府终以种种顾虑,不敢决征蒙之策,只循外交路线与俄使进行谈判。

延至民国二年五月,俄国果嗾使外蒙军分东西两路大举内犯,晋军驻包头之刘旅、驻大同之陈旅,首先接战,连电告急。我以北门锁钥,关系重要,又于五月二十七日电请亲带一混成旅前赴战地,亲督迎战。中央以省防重要,坐镇不可无人为词。命我派孔庚师长带队应援。孔师长率部兼程北上,与绥远将军张绍曾部及我刘、陈两旅协力堵击,敌势始渐顿挫。

已而因政府对边防军事无整个决策,外交总长陆征祥与俄使所商条件又为参议院所否决,敌恃俄援,进犯益急,朔边各省,岌岌可危。一直延至熊希龄在进步党的拥戴下入组所谓"名流内阁",孙宝琦继长外交,与俄使重开谈判,缔结《中俄条约》五款,外蒙军方退,边患方息,而中国之对外蒙,从此亦只剩宗主权的虚名了。

民国三四年间(公历1914—1915年)是中国最沉静的时期,亦是袁世凯势力最盛的时期。各省都督(后为将军)之籍隶国民党者,仅仅剩下我一个人,只有临深履薄,以冀保持此一革命潜力。那时国民党经过"二次革命"失败与袁氏一再摧残之后,组织颇为涣散。中山先生为重振革命精神,特于三年七月改组国民党为中华革命党,设总部于东京,并分遣同志回国策进党务,以图革命之再举。斯时,袁氏力迫清除革命党人,我对来晋同志力保他们身份的秘密,并曾托他们报告中山先生说:我当多方设法保持此一仅存之革命据点,至来晋同志,我决加意保护。中山先生曾嘱我与陈其美先生多取得联系。

　　三年七月欧战爆发，中国宣布中立，日本乘间攻占青岛，进兵山东，并于四年一月十八日提出二十一条件，举国闻之，咸表愤慨。然日本于五月七日提出最后通牒之后，袁总统于九日接受，并于二十五日与日本正式签订了丧权辱国的《中日协约》。本来日本久已蓄意侵华，我在日本留学时，日本小学中即以"我ガ满洲"教其学生。民国建立以来，欺侮中国的帝国主义者，更以日、俄、英三国为首，日俄两国暗订秘密协定，划分日本之势力范围为内蒙与南满，俄国之势力范围为外蒙与北满，英国对此亦予承认，以换取其在西藏自由行动之密契。这种种侵略行为的加诸中国，一言以蔽之，乃国人勇于对内，不图自强，有以使然。"弱国无外交"，实在是值得我们警惕的。

　　我于四年二月应袁总统之召赴京述职，此时正是日本提出二十一条件不久之时，我见总统府秘书长梁士诒时，梁对我说："总统准备三年后打日本，着我主财政，唐质夫（唐在礼字）主军事。"我复询诸唐，一如梁言。我对梁、唐都说："兄等应该劝阻，不可将总统促居炉火。"他们虽同情我的看法，但他们以为内里的人不好说话，最好由外边的人说。我当时并不是不同意抗御外侮，认为打日本须有能打胜的力量，否则轻言实足以招损。

　　我见袁总统时，曾特地向他陈述：我们应以备战而止战，以强兵而睦邻，万一因国家权利不得已而决裂，须切实有战胜他国之把握。战胜之要，不外完全之物质与良好之精神，前者可操战胜权十分之三，后者可操战胜权十分之七。所谓完全之物质，极重要者厥为二事：一为军械制造之进步，一为征兵制度之实行。尤其征兵一事，今世大陆诸国容有征兵而不强之国，断无不征兵而能强之国，盖非此不足明养一兵，暗收十兵之效，以故百政可缓，唯此为急。

至实行手续则不妨渐进,且不难在军政机关之举措,而难在民政机关之筹备。民政筹备必须配合国民教育之普及,国民实业之发达,地方警察之完全,地方自治之实行,官吏职任之专一。所谓良好之精神,就是要养成最后十五分钟之精神。此精神由人民忍苦耐劳之体力与舍生就义之心理合组而成,此二者之锻炼在军中,其所以能受此锻炼之素养,则在民政。民政方面如何完成此良好之精神?一在国民武德教育,一在社会尊军风尚。精神物质,兼营并进,军力方可日强,国力方可日固,无论攻守,始能操必胜之左券。他听了之后,嘱我写一文件提出。我回晋后即本我的主张写了一个《军事问答》,送呈采据。

我此次晋京见袁为第三次。在我第一次晋京见袁时,他一见面就把我想要对他说的话他先说了,然后问我还有什么话,使人再无可言。他这样做的用意,无非是为使人佩服他处事的才智,实则被见的人会感到他是玩弄政治的手段,缺乏谋国的诚意。我辞出之后,谷如墉、贾书堂等几位老先生问我对袁的印象如何?我说:英雄有余,治国不足。后来听到有人说袁氏内衣有很多口袋,分装内外各方重要资料,对谒他的文武大员,在见面以前,就会从这些资料中预猜要说些什么话。由我的亲身体验中,这话亦不无可信之处。

民初,山西有一个《大国民日报》,有一天的社论为《袁世凯阎锡山厥罪维均》,不几天接到北京民统府秘书长梁士诒的一封公函说:奉谕着将山西《大国民日报》查封。我答复他说:此报日日骂我,今更以大总统与我并骂。如仅骂大总统,我当遵命查封。我少年当政,此报不断骂我,可以使我自警,更可借以警惕推翻满清有功人员,盖不少有功人员不免因恃功而骄,不守秩序,武断乡曲,若无此报,彼等更无忌惮,请转禀大总统见谅。

四、袁世凯称帝过程中我的处境与观感

　　民国三年（公历 1914 年）修改约法以后，袁世凯事实上已成为终身总统，且继承人亦由他自己提出，实在想不出他还有什么称帝的必要。就当时的蛛丝马迹观之，促成袁世凯称帝的，有五种人：一为袁氏长子克定，意在获立太子，膺承大统。一为清朝的旧僚，意在尔公尔侯，谋求子孙荣爵。一为满清的亲臣，意在促袁失败，以作复清之地步。一为副总统黎元洪之羽翼，意在陷袁不义，冀黎得以继任总统。一为日、英、俄三国，意在促中国于分崩离析，永陷贫弱落后之境地，以保持其在中国之利益与东亚之霸权及瓜分中国的阴谋。当时见他的有关的这些人，都是以劝进帝制的话包围他，我曾对有些熟朋友说：你们是要将大总统促居炉火。可以说纵容帝制的人，很少是主张关系，大多数是为富贵利禄所驱，或者是另有别图。其中最足使袁动心的因素，是日本强力主张改行帝制。这多少因素将袁毁了，但说到底，总不能不怨袁认识不够，判断不够。

　　至袁氏帝制失败之主因，一则是违背了时代的潮流，激起愤怒的民气。一则是他的亲信诸老"怏怏非少主臣"，谁亦不愿再做袁克定的臣属。

　　袁氏帝制运动期间，全国起义省份除山西之外均已消灭，山西成了旧军阀的眼中钉，报告袁氏山西必反，威吓之函电日有数起，劝导之来人联袂不绝，最后袁氏特派他的一个姪子常川驻晋，监视我的行动，及至帝制失败，始由太原离去。此人酷嗜赌博，日夜打牌，一反袁氏指赌博为"牧猪奴戏"之谕示，我曾打算令警察将其查扣送京，谷如墉、刘笃敬等几位乡老力劝我投鼠应该忌器，方始作罢。

　　在这一段时期中，全国民军势力均被袁氏摧毁，为什么我未被罢黜呢？就我的了解：第一，当他的帝制运动开始的前夕，我的部队已被裁编至一个旅和两个独立团，全部不到七千人，而他的心腹巡按使金永的警备队已有十一个营，其力量足堪与我抗衡。第二，山西在他北洋军队四面包围之中，与东南沿海各省不同，不可能对他作恶意的反抗，只好善意劝告。第三，对我不罢黜，尚可以作一个保全民军省份的幌子，使不深知内情的人还认为他有兼容并蓄的度量。第四，使我的革命同志对我发生误解，以为我已放弃了革命立场。在这种情况下，反对无益，徒足招损，故我始终一本中山先生所示以保持北方革命据点为重的原则，对袁氏虚与委蛇。（民国）四年九月奉天上将军段芝贵领衔致袁请速正帝位的电文中，列有我的名字，我未表反对，十二月袁封爵的命令中，封我为一等侯，我亦未曾辞爵。

　　帝制运动最热闹的时候是民国四年（公历 1915 年）的后半年，八月古德诺的《民主不适于中国论》在《亚细亚报》发表后，杨度、孙毓筠、严复、刘师培、李燮和、胡瑛所谓"六君子"，即组成"筹安会"，大为鼓吹君主立宪，此为帝制运动的正式开始。杨度是个反对满清的人，他在日本时曾有两句名诗："仗剑西望泪滂沱，胡运炎炎可奈何！"但他是一向主张君主立宪的。远在"筹安会"成立之前三月，他就撰有《君宪救国论》。刘师培是个左倾学者，他参与"筹安会"，并非主动，他有一次曾到山西，但始终未劝我赞成帝制，因他与我的警务处长南桂馨私交甚笃，经南介绍，我对他谈话较为恳切。我曾告诉他说："今日大势所趋，世界各国均向民主途径转变，中国民主力量虽尚在萌芽时期，但亦是日长一日，诸君子出谋筹安，固有苦衷，然逆势亦当顾虑。"他对我这话未表赞成，亦未表反对。

筹安会幕后操纵者主要为袁之长子克定。袁克定为实现继承帝位的迷梦，曾特地为他父亲专印了一份伪版《顺天时报》，内容与一般人看的《顺天时报》迥异，其中臆造了很多劝进拥戴帝制的消息，以坚他父亲称帝之意。

据了解内幕的人说：与袁克定暗中同谋者，除杨度之外，另一要角为梁士诒。因民国三年徐世昌出任国务卿后，袁世凯曾应徐之请免去梁秘书长之职务，另设内史长以代替之。同一时间，袁又成立了一个平政院，颇似现在的行政法院，平政院中有一个肃政厅，内设若干肃政使，如同清朝的御使，肃政厅于民国四年提出一个五路大贪污的弹劾案，梁为交通系领袖，此案与其关系颇大。梁此时正处于最尴尬地位，为转移视线，乃出奇制胜，劝进帝制。初劝袁未之答，继通过袁克定劝之，袁亦无表示，最后以极迷信的话语袁氏谓：袁氏先氏历代相承都没有能活到五十九岁的（是时袁氏已五十七岁），应以绝大喜事相冲，袁方首肯。于是美籍顾问古德诺之《民主不适于中国论》与日籍顾问有贺长雄之《日本立宪而强》的论调相继发表，"筹安会"宣告成立，梁氏亦于九月十九日组成全国请愿联合会，向参政院举行所谓"变更国体"总请愿。

　　此外,当时怂恿帝制最明朗而积极之文武大员,各省疆吏以奉天上将军段芝贵为首,中枢大员以内务总长朱启钤为首。段芝贵胁持各省通电请袁速正大位于前,又复联合东北首长孟恩远、王揖唐、朱庆澜、张作霖等力谏中央讨伐唐、蔡于后。朱启钤密电各方策商帝制于前,又复主持所谓登极大典筹备于后。这一段时期,我所收到有关帝制的电报中,除统率办事处者外,即以段芝贵与朱启钤领衔者为最多。

　　统率办事处是在袁氏亲自主持下发纵指挥全国军队的机构,他成立这一机构,理论上是为了负起"大总统统率全国陆海军"(当时中国尚无空军)的责任,实际上这一机构不只代替参谋部全部职权,而且亦代替了陆军部的大部职权,兼任参谋总长的黎元洪对此虽无计较之心,而号称"北洋三杰"之一的陆军总长段祺瑞则不能没有不快之意。加之袁克定编练模范团与怂恿帝制之举积极配合,段乃由不到部办公而请假养疴,而正式辞职。

　　统率办事处的要角陈宧,是黎参谋总长的次长,袁对之倚畀特殷。民国四年二月袁为安定西南,命陈以会办四川军务名义,率李炳之、伍祯祥、冯玉祥三旅入川,六月间准四川将军胡景伊入觐,陈继其任。陈宧于离京赴川前同三旅长谒袁辞行谢恩,一见面就向袁屈膝叩首,袁惊异着说:"现在国家共和,不可如此。"陈以最谄媚的言辞说:"元首虽以大总统自居,而全国官民则皆奉为皇帝,元首一日不实行帝制,臣此去即一日不复返。"殆至袁氏称帝失败,陈始则致袁江(五月三日)电请其退位,继则通电与袁断绝个人关系。说者谓袁氏之死,受陈宧刺激最大,亦不能谓为无稽。

　　于袁氏称帝意犹未坚之时,其亲私怂恿之术。可谓无所不用其极。有一次他的左右曾买通他的身边侍从,在他清晨未醒时,将他最喜爱之玉林抛至地上,打得粉碎。袁醒询其故,这位侍从说:刚才擦拭桌椅时,看见床上躺着的不是大总统,是一条龙,我大吃一惊,就把玉杯摔破了。袁当给以巨款,令其回籍,并坚嘱不得以此语人。

长江巡阅使张勋是口口声声不忘旧朝的一个满清旧臣,同时亦是赞成袁氏帝制之死硬派,由于他自己和他的军队一直保留着头上的辫子,不肯剪去,所以袁氏始终对他有"帝其所帝,非吾所谓帝也"的顾忌,为此他曾明白通电表明他矢志拥袁的心迹。但在帝制运动白热化的时候,张勋突然电请袁氏效舜禹之对唐虞,勿废宣统帝号,维持清室优待,于是袁氏原拟封溥仪为懿德亲王,君臣互易之举,乃不得已而中止。

袁氏决意称帝之后,奉命代行立法职权之参政院遂决议选举国民代表,解决国体问题。民国四年十月间,各省国会代表先后选出,北京办理国民会议事务局乃规定十月二十八日起至十一月二十日止,为分省决定国体投票日期,票面悉印"君主立宪"四字,投票时赞成者写赞成二字,反对者写反对二字。投票结果,代表人数一千九百九十三名,赞成票亦为一千九百九十三张。接着由国民代表推戴袁氏为中华民国大皇帝,并委托参政院为国民代表大会总代表,恭请大皇帝正位。十二月十二日袁氏下令承认帝制,并于同月三十一日明令改民国五年为洪宪元年。

日本原本怂恿帝制最力,袁氏受其影响亦最深,此及国体投票正式进行之时,乃一反以前态度,英、俄亦复如此,其心叵测,概可想见。日本皇室为怂恿袁世凯积极称帝,曾向袁示意,日本的施为向以中国为嚆矢,中国的民主实足以动摇日本皇室万世一系之基础。今日劝中国恢复帝制,不仅为中国,抑且为日本,中国如废共和而行帝制,日本以帝国而扶助帝国,自属名正言顺,当可共存共荣。若仍续行共和,自非日本帝国所愿,今后一切,难望援手。北京统率办事处给我们的世(十月三十一日)电中曾说:"大隈首相屡次宣言谓:'中国宜改国体,如内无乱事,日本决无可干涉之理。'又对我陆驻使(陆宗舆)密谈:请中国安心做去,日必帮忙。英使朱尔典,因主座谦抑曾面谒劝进。俄使于十三日接政府训令复电称:俄愿即行承认大隈于十八、二十等日演说,亦谓:中国改革,不致内乱,外交方面颇称顺适。不意旧体新外交大臣石井到任,意欲见好于野心派,主张托词中国上海长江一带恐有内乱,以好意劝告中国暂缓改变。"旋接该处江(十一月三日)电说:日本代理公使小幡西吉约同英公使俄公使于十月二十八日(国体投票开始之日)赴外交部,劝告将实行帝制之计划暂为延期。此时袁氏及其左右势将骑虎,自然不会接受。由此我深深感到当国不去满足自身欲望的贪心,不只要惹国内的不容,并且要受国际的愚弄。平心而论,不能说袁世凯不是聪明一生,糊涂一时,致成身败名裂。

袁氏称帝,其亲近诸老如徐世昌、段祺瑞、冯国璋、王士珍均不表同情。徐世昌时为国务卿,在一次会议中,袁氏对帝制问题问到他时,他背向后仰,默而无言。段祺瑞于辞去陆军总长后,居家养疴,据说袁曾给他派了一个厨师,他不只不敢用这个厨师为他做饭,连他如夫人亦不敢用,每餐均由其原配夫人亲自烹饪。王士珍虽然继段为陆军总长,实则当时陆军部的职权大部为统率办事处所代替,陆军部已成了一个闲散机关,故王亦闭门不出,以避烦扰。冯国璋是英国公使朱尔典同被袁氏亲口宣称为拥护帝制者,但从其嗣后行为观之,则大不然。

民国四年六月间冯与梁启超相偕晋京。冯谒袁时,谈及南方对帝制的传言，叩询袁的真意，袁曾对他说："我现在的地位与皇帝有何分别，所贵为皇帝者，无非为子孙计耳！我的大儿子身有残疾，二儿子想做名士，三儿子不达时务，其余都还年幼，岂能付以天下重任？何况帝王家从无善果，我即为子孙计，亦不能贻害他们。"冯说："不过到天与人归的时候，大总统虽谦让为怀，也恐怕不能推掉。"袁正言厉色地说："这是什么话！我有一个孩子在伦敦求学，我已叫他在英国购置薄产，倘有人相迈太甚，我就把那里做我的菟裘，不问国事了。"冯出而告段说："你放心好了，大总统绝不会做皇帝。"冯将此话告梁，梁听了说："我亦相信他不会那么傻。"但冯南下不久，"筹安会"忽然大肆活动起来，因此冯十分怀恨袁对他不能推诚相见。这只是举冯之一例，徐、段、王当亦有相类似的感受，以袁氏之聪明，也当然深知他们都希望继承总统，不希望实行帝制，故对实行帝制的话，未公开前，对他们有些保留。但越是这样，起的反作用越大。所以我认为袁氏帝制之覆灭。除讨袁之革命力量为外在因素外，其亲近诸老之"怏怏非少主臣"，实为一大内在因素，而此二因素又隐约间不无彼此响应之关系。

当蔡锷悄然潜离北京，返归云南的时候，中华革命党总部亦正派李烈钧等到达云南，策动唐继尧起义讨袁。唐继尧通电讨袁之前，曾电南京冯国璋，以察其意，冯复电说："国璋老矣，国事全在诸君。"唐接获此电，方于十二月二十五日成立护国军，宣布起义。蔡锷率师北进，与对方曹锟、张敬尧军战于四川、重庆、泸县、宜宾之间，一则后方弹药不济，二则曹、张军顽强抵抗，蔡军因粮弹不济，已入困境，因其参谋长与张敬尧有旧，乃派其前往试谋停战，张彼时亦不愿打到底，因打到底，袁即成功了。蔡提出停战，正合张意，乃允其请，但提出袁倒之后，蔡须出面拥段，以此密契为停战之条件。起初蔡不愿承认，后经人劝说段之出处并非一拥可定，何必斤斤计较于此，蔡始权予承认。比至袁氏薨折，蔡锷果与张敬尧等联名拍发庚电，主张由段出任总统，以挽危局。

从这两件事可以说明冯、段当时之心情与对袁氏帝制之影响。若不是冯有暗示，蔡、李等到云南亦难迅速举起义旗。若不是段不同情帝制，唐、蔡等举起义旗，亦难保不遭挫败。我所以获知此种内幕，是因为李烈钧、唐继尧均与我为日本士官学校同期同学，且一向过从甚密，这些情形，他们与我有多次的电报往返。

蔡锷原虽为立宪党，且与梁启超有师生之谊，但其在日本时即对革命深表同情。我与蔡氏相识甚浅，而相知颇深，他居京期间，曾力示堕落，以图避祸。当他离京前不久，特托士官同学（我的参谋长）李敏之携何绍基所书绣屏四幅绣联一副赠我。联之上只为"雅量风清兼月白"，下只为"高情涧碧与山红"。我问李敏之说："松坡（蔡锷字）还说什么没有？"李答："没有。"我说："你不要将此事告人。"李问我何故？我说："将来再说。"比至蔡已离京，我才告李敏之说："松坡以屏联赠我而无言，我就知道他已决定离开北京，当时不让你告别人说，是怕机警的人识透其意，密奏袁知，致他不能成行。"

云南将军唐继尧、巡按使任可澄，与蔡锷、戴戡（与蔡同时返滇者）通电讨袁之后，各方反应颇不一致，有的驰电诘责，有的奏请申讨，有的策商调处，其态度最缓和、持论最谨慎者，为南京宣武上将军冯国璋，他反对多所电责，更反对轻言讨伐，其沁电中曾谓："倘诘责之文电纷驰，则观听之惶惑易起。"又谓："倘讨不能行，行不能果，中外耳目所属，或且群致揣疑，窃恐扰攘之忧，将不在一方面而在全局，再四审度，关系非轻。"而冯所反对的，正是以朱启钤为首的大典筹备处指示各省一致主张的。

推冯国璋领衔忠告,策商调处之议,原系陕西将军陆建章最早提出的。紧接着贵州护军使刘显世(唐、任、蔡、戴讨袁通电原曾列刘之名)一面否认唐等通电渠曾列名,一面表示赞同陆议,以维和平。我当即驰电各方,对陆、刘之议表示赞同。旋贵州巡按使龙建章等又主张国体重大,应再召集国民会议公决。无如怂恿帝制者不知悔悟,对刘显世、龙建章之建议公然指斥,而外间疆吏如徐州巡按使张勋、广东上将军龙济光、湖北上将军王占元、安徽将军倪嗣冲等尤多昧于时势,与段芝贵等同持讨伐主张,并促冯国璋主稿电京,冯在此倚势下,亦只好在表面上一反其初衷了。

云南起义以后三数月间,醉心帝制者流,仍在力促袁氏早日登极,而袁氏则慑于国内外之趋势,徘徊未敢出此。果然,护国军经过三个月的苦战,李烈钧所部在滇桂交界处击败粤军龙济光,广西上将军陆荣廷应约宣布独立,贵州方面亦公开继滇而起,袁氏方于三月二十二日明令撤销帝制,然仍恋栈大总统,而不肯引退。说者谓袁氏能以撤销帝制,尚未执错到底,然撤销帝制后,犹不肯放弃总统,可谓不识进退,我认为这是至当的批评。

袁氏撤销帝制之后,滇、黔复提出总统退位的请求,接着广东上将军龙济光在革命军势力的胁迫下宣布独立,浙江将军朱瑞在军民的事变中突告失踪,冯国璋乃于四月十八日提出八项条件,以图息争。这八项条件是:(一)袁大总统仍居其位,实行责任内阁制度。(二)慎选议员,开设国会。(三)明定宪法,宪法未定以前,适用民国元年约法。(四)惩办祸首。(五)各省及中央军队须以全国军队按次编号,不分畛域。(六)去参之各省将军巡按使悉仍其旧。(七)滇事后派赴川湘方面北军全行撤回。(八)开赦党人。

据冯的巧电中说:这八项条件未向各省电问以前,他已秘密商得黎元洪、徐世昌、段祺瑞、王士珍以及蔡锷的同意,于是大多数省份均复电表示赞成。正在策商期间,北京以段祺瑞为国务卿的所谓责任政府于四月二十三日宣布组成,而蔡、唐诸君又驰电坚持请袁退位,冯乃对原条件略加修正,要在使袁暂负维持责任,迅筹国会锐进办法,一俟国会开幕,即行退职。冯电甫行发出,四川将军陈宧与川边镇守使刘锐恒亦相继电请袁氏退位。此时,冯国璋、张勋、倪嗣冲联名邀请各省包括南军滇、黔、桂、粤各省选派代表赴南京开会,商决大计,徐世昌、段祺瑞、王士珍亦有电赞同此举,我乃派崔秘书廷献代表前往。

南京会议于五月十七日开始,因袁氏曾电冯、张、倪表示自头退位,嘱与各省妥筹善后办法,于是首先讨论的就是总统退位问题,南军代表主即退,张、睨派主不退,冯派主缓退。商讨未获定论,而独立省份日益增多。此时除滇、黔、桂三省外,广东龙济光、浙江屈映光(将军朱瑞失踪被举为都督),已于四月间形式上宣布独立,陕西陈树藩(驱走陆建章者)、四川陈宧、湖南汤芗铭亦于五月间先后宣布独立。张、倪坚主以南京全体会议名义挽留袁氏,因不愿出此,会议迄无结果,而袁氏于六月六日因病逝世。冯在这一阶段的手法,有相当收获,那就是因此造成袁死黎继,他取得副总统地位的有利情势。

袁氏所派的山西巡按使金永有一次曾开了一个已过曾参加革命者的名单,内有谷思慎、续桐溪、弓富魁等三十余人,咨我扣捕,交他审讯,我于扣捕以前都密告他们跑开了,以是金永对我深表不满。到了袁氏帝制运动末期,金永犹以他的十一营警备队的既有力量为未足,又请准中央在东三省招募胡匪,以壮其势,我对他这种不惜扰民以逞的举措，一再电京反对，此批胡匪方未来晋。金永对袁氏曾上了一个很厉害的奏折，详叙我在山西不利于袁之种种措施，其结论大意为：北方最不安于袁政者，为山西之民军势力，若不消灭山西民军势力，则我将配合反袁军事，由平绥路进攻北京，欲消灭山西民军势力，非将我撤职，无以为济。此奏折到袁氏手中时，袁已病笃，卧床而阅，未及看完，奏折即掉于地下。当时徐世昌、段祺瑞在袁病侧，劝其病愈后再为处理，袁氏从此即一病不起。此段事系段亲自告我者，当不为虚。段并曾对我说：如果项城那时看完这个奏折，一定要撤你职，下令讨伐你。

　　我事后想到一件事的因果关系，种下什么因，即要结什么果。袁世凯改行帝制有因，国人起而推翻帝制亦有因。辛亥革命推倒满清统治，由于同盟会自身力量不够，借重了汉族疆吏力量，其结果即种下汉人皇帝之因。幸而中国文化是民本文化，孟子所说"民为贵，社稷次之，君为轻"的道理深入人心。民主很合乎民本的心理，故一经变君主为民主，绝大多数的人谁亦不愿再倒退回君主的窠臼，以故袁氏称帝卒遭到全国人民的唾弃。

附录一：阎锡山传略（有删节）^①

阎公名锡山，字伯川，中华民国纪元前二十九年（清光绪九年，公历 1883 年）生于山西省五台县河边村，地处滹沱河南岸，文山之麓，居民近千户，风俗醇厚。先世于清初由阳曲迁居于此，代以农商为业。祖父龙雨公乐善好施。父子明公，性弘毅，有远识，皆负乡党重望……公六岁丧母，育于同村外祖曲公在左家，外祖母王氏甚钟爱之。七岁入小堡私塾，师曲近温教读《论语》、《孟子》、《大学》、《中庸》及《古文》，等等。十岁回家，改入大堡私塾，师曲本明教读《诗经》、《书经》、《易经》、《礼记》、《春秋》及《纲鉴》等，并学八股文。十四岁时，尝因激于义愤，打抱不平，父老大为惊异。年十五因家境关系，助太公经营商业于五台县城之积庆长商号，每以所见事之得失，人之诚伪，随时建议太公，初不重视，然屡有所验，既而多垂询之。是时常看知县审案。又常至崇实书院与康佩珩（字子韩，五台人，后与公同留学日本，加入同盟会）等游谈。好观戏，对其情节每详为研究。十七岁又入村义学，师曲本明继教温经史，选读子书，特注意研究程、朱、陆、王之异同。公摘抄古圣贤

修己治人之名言要语,自题曰《补心录》。十八岁被村人举为纠首(略同现时村长),适值庚子(清光绪二十六年,公历 1900 年)义和团之乱,清政府军甘肃马玉昆、董福祥所部开赴龙泉关,路经河边村,公与长者虑有滋扰情事,即私取继母陈太夫人首饰出售,用以纠集壮丁,持刀矛及土枪农具以自卫,村民赖以未受扰害,陈太夫人始终未加责言,村人以母义子勇称之。公并亲身试验义和拳之真相,察其为妄,宣告于众。八月八国联军陷北京,清西太后携光绪帝出奔。翌年秋订《辛丑条约》,国势大挫。公虽年未及冠而对社会不平了解颇深,更感于清廷政治窳腐、军事失利、外交无能,遂萌改革社会,挽救危亡之大志。

公年十九,元旦禀于太公曰:"从事农工商毕生志虑所及,辛苦所图者,多不出乎家室之谋,钟釜之计,欲有为于时,有益于人,若不继续读书求知,无以成己,遑论成物。"于是随父步行赴太原,不久考入武备学堂,学三年,成绩优良,国文一课,每为同学一百二十人之冠,甚为主持人李廷扬(山西浑源人,清进士)器重。二十二岁(清光绪三十年,公历 1904 年)为清政府选送日本学习陆军,肄业东京振武学校两年有半,弘前步兵第三十一联队实习一年。东京士官学校两年,连续攻研五年余。在士官学校期间与李烈钧(字协和,江西武宁人)、唐继尧(字蓂赓,云南会泽人)、李根源(字印泉,云南腾冲人)、朱绶光(字兰荪,湖北襄阳人,后为公之参谋长)诸友好,分析时事,研究革命,对于学校课业,则多不甚措意,每试辄以意为之,如数学一科,虽不按公式,道理能通,得数亦能对,获得及格分数。

当公预备赴日时,太公教读徐继畬所著《瀛寰志略》,借知世界大势,胸怀为之廓然。临行山西巡抚张曾敭及藩台、臬台、学台、道台五大宪对留日学生谆谆告诫，谓："朝廷资道留学日本，应专心学习，以图报效，万不可接近革命党人，听信邪说，误入歧途。"并对国父，妄加诋毁。及由天津乘日本轮船后，见其一切设备整洁，员工各尽其职，人少事理，言动谦和有礼。到日本后，时以"日本何以国小人少而强？中国何以国大人多而弱"萦回脑际。又值日俄战争，日胜俄，其势力伸入我东三省。间尝翻阅康有为（号长素，广东南海人）、梁启超（号任公，广东新会人）主持之保皇党所出刊物，益知清廷之腐败无能，然每投之而叹曰："保皇党岂足以救中国？"时国父在日倡导革命，公常趋谒，获聆革命宗旨，大为悦服，即毅然参加革命运动。公曾追述在历次集会中，国父指出中国积弱的原因，在"中国倾于保守，故让西人独步。""中国从前之不变，因人皆不知改革之幸福，以为我中国之文明极盛，如斯已足。"主张以三民主义救中国，并要"将政治革命同民族革命并行，实行民族革命政治革命的时候，须同时改良社会的经济组织。"认为"社会问题，在欧美是积重难返，因中国还是幼稚时代，要防止是很容易的。""我们须先思患预防。"要将三个革命同时并举。国父更进而指示我们："救国家要从高尚的方面下手，莫先取法乎中间，以贻我四万万同胞子子孙孙的后祸。""若我们今日改革思想不取法乎上，则不过徒救于一时，是万不能永久太平的。"并谓："绝不要随天演的变更，定要为人事的变更，其进步方速。"公因之革命情绪益高，意志益坚。

公并言："由此可以说明政治不可失时，若不能适合时代的需要，一定要被时代所抛弃。清末百年之间，中国与世界交通，事事相形见绌，国势日衰，成为列强瓜分的对象，应改革而不改革，能进步而不进步，使爱国之士，认满清政府是亡国的因素、救国的障碍，国人的目标全集中在推倒满清政府,即其所培植的人才,皆成为推翻其自身的力量,途致有'戊戌立宪,万世帝王,癸丑立宪,国破家亡'之批判。国父以先知先觉的德慧、高瞻远瞩的眼光,站在时代的前边领导革命,遂能一呼万应,全国向心,不久实行推倒满清,建立民国。此一为违时,一为适时,违者即亡,而适者即兴,其理至为明显。迨同盟会成立(清光绪三十一年,公历1905年),率先加入,即奉"驱除鞑虏,恢复中华,创立民国,平均地权"为誓愿。并即介绍赵戴文(字次陇,山西五台人,后任第四旅旅长、内政部长、监察院长、山西省政府主席)、康佩珩、赵三成(字恭安,山西五台人)、徐翰文(字西园,山西五台人)等加盟,遂以全副精神,贯注于革命理论之探讨与实际工作之进行,不惜牺牲一切,争取联系革命同志。其后感于革命须冒险犯难实践之责,须由军人负之,奉国父指示取《孟子》"富贵不能淫,贫贱不能移,威武不能屈"之义,与同盟中之学军事者组织铁血丈夫团,参加者二十八人,后各省领导革命军起义之中坚人物,如黄郛(字膺白,浙江人)、李烈钧(后为江西都督)、张凤翔(字翔初,陕西长安人,后为陕西都督)、罗佩金(字镕轩,云南淦江人,后为四川都督、孔庚(字文轩,湖北人,后为晋北镇守使)、温寿泉(字静庵,山西洪洞人,后为山西副都督)、乔煦(字子和,山西阳曲人,后为旅长)、李书城(字翰园,湖北人)、张瑜(字玉堂,山西五台人,后为山西都督府参谋长)等多属之。公在此期间,草拟《革命军操典》,注重军队编制之改善。《革命军战法》注重夜战。

民国纪元前六年夏(清光绪三十二年,公历1905年)奉国父命,偕赵戴文返国,布置华北革命。回晋三月,旅行于雁门关、五台山一带,秘密考察雁门关内外形势,拟在五台山建立革命根据地,居家仅五日。当回国之时，与赵先生由东京各携炸弹一枚，经上海海关时，愿将赵先生所带炸弹移于己身，语之曰："如被检查出，我一人担之，你可不承认与我为同行之友。检查时我前列，你在后。"赵曰："我在前，你在后。"公曰："我站在后，有畏惧检查之嫌，反易被人注视，仍以我在前为宜。"检查员果前疏而后严，遂得安然渡此难关。复语之曰："事到危难宜放胆，愈危难，愈不可畏缩。畏缩反易启人生疑。"嗣又偕赴日本。赵先生受公伟大精神之感召，毕生赞襄革命，精诚无间。

民国纪元前四年（清光绪三十四年，公历 1908 年）春二月二十五日，黄兴（字克强，湖南长沙人）入钦州，公闻讯，喜而不寐，欲亲往参加，次日请假，校方力阻不果行。明年公二十七岁（清宣统元年，公历 1909 年）毕业返国。归途绕道朝鲜，经汉城，见朝鲜人任高级官员者，往来官署，多循墙俯行，且屡向后窥视，状如鼠之畏猫。日本人上下车马，以朝鲜人为足蹬。入旅馆后，朝鲜籍记者来访，知公为中国人，欲言而止，含泪而别。至平壤见一崭新大楼，获知为妓女学校，深感亡国之民，其生命、财产、人格、廉耻均不得自保。辛亥革命后，即提出"亡国之民，不如丧家之狗。救国要在国未亡之前努力"标语。并组织朝鲜参观团，以冯曦（字子和，山西代县人，后为山西省政府考核处长、绥远省建设厅长）领导前往考察其亡国惨状实况，以所得惨痛事项，编印《朝鲜见闻录》，印发全省，普遍宣传亡国之可怕，唤起人民爱国热忱。公返国后，初任山西陆军小学教官三个月，升任监督。清廷举办留学生朝考，中举人，回晋，改任陆军第二标教官。明年第二标改为八十六标，升任标统。时与赵先生、张瑜、张树帜（字汉捷，山西崞县人，后任晋北镇守使军法分监）、南桂馨（字佩兰，山西宁武人，后任山西医务处长、天津市长)等革命同志,深夜密计,始则借训练新军,组成模范队,秘密培植革命干部。继又成立"辛亥俱乐部",以研究学术为名,团结革命同志,鼓动起义。先谋西王建基(字弼臣,山西五台人)、徐翰文赴归化,俟秋丁祀孔时,与在并同志用炸弹同时分炸绥远将军与山西巡抚。嗣改变方略,从运动军队入手,造成推行起义革命武力。

辛亥(清宣统三年,公历 1911 年)九月初八日(公历 10 月 29日,后定为山西光复纪念日,适为公之生日)领导三晋军民,首举义旗,响应武汉,光复山西,奠定华北革命基础,时年二十九岁。公原以起义后,必攻抚署,本拟对巡抚陆钟琦只可拘留,不制死命。唯时抚署破,陆氏正衣冠,立三堂,其子光熙侍侧,谋解危。陆则拍胸大声曰:"我陆钟琦也,君等必起事,可先照我打。"父子遂死于乱枪中。公谓:"清政府虽失领导,而对疆大吏,仍多能保持节义,如陆氏父死其君,子死其父,以其职位言,可称忠孝。立场虽不同,人格无二致。"命妥为收葬之。

当公攻破抚署事稍定驰标统所,突有第一标第三管带熊国斌率队来急入见曰:"特来保护标统。"公素悉熊爵巡抚派,知有异,应声曰:"好,汝即令架枪集合,我出讲话。"熊出而又急入曰:"枪已架好。"然神色有异,公即以手枪毙之室内,乃挺身而出,大声谓:"熊管带反革命,已予枪毙。你们架枪,赞成革命者留此。"留者二连,余散去,公得无恙。后侦知实系受清吏指使图害公者。公晚年曾谓:"自献身革命以来,有八次自分必死而未死场合,此其一也。"时赵先生语公曰:"市面有乱兵为祸人民。"公即驰马简从巡视,手刃抢劫者数人,秩序赖以迅速恢复,太原遂定。

太原光复,山西咨议局及军政代表举公为山西都督。温寿泉为副都督。公即席讲演："今天太原虽然按计划光复，但不可认为已经成功。因革命如治病，大家在已过等于医校的学生，现在才是临床的医师。亦可谓现在才是革命的开始。孙总理原告我待革命军到河南、山西再行动。今提前举义，对全局好处固多，而我们遭遇的困难实甚大。愿与诸同志本高度的革命精神，彻底奋斗，先求固守。"继在文武职员集会时说："凡只为人谋，不为己谋，成功固是成功，即失败亦是成功，此圣贤所为也。凡为人谋，亦为己谋，成功是成功，失败即失败，此豪杰所为也。凡只为己谋，不为人谋，失败固失败，成功亦是失败，此糊涂人所为也。吾辈当勉做前者，忌做后者。"又在同志集会时说："尽人专听天命为社会一般人普通道理。革命同志应具有'谋其事之所当为，尽其力之所能为，天命与人事何分'的意志，革命同志不应在尽人事上还要听天命。"公谓："当时一日中在三个场合，作三段讲话，及今思之，犹历历如在眼前，如在口边。"

　　旋与清廷驻石家庄之第六镇统制贞将军（字绶卿，湖北云梦人，同盟会会员，清新任命为山西巡抚）晤于娘子关。公虽在山西都督就职大会上说，要先固守山西，但又以山西地势险固，人民殷富，对北京政府影响至大，如能出兵正定，既固山西之门户，并可断绝平汉交通。感感力有不足，且知清廷已派一旅先占石家庄，正踌躇间，陕派其参谋周维桢持亲笔函来太原，函中有："公不崇朝而定太原，可谓雄矣。然大局所关，尤在娘子关外。"乃约定共谋华北革命之继续进行。以清廷六镇新军皆袁世凯所练，实为革命大障碍，若袁自河南入京，无论忠清与自谋，均不利于革命，遂决定组织"燕晋联军"，推吴将军为联军都督，公为副都督，据守石家庄，共阻袁氏北上。不幸别后之次日（公历9月16日），吴将军为清廷贿买其部属刺死于石家庄火车站办公室中,袁遂得顺利进京,革命进行计划,遂受顿挫。当时公即派胀张树帜、张子奇等吊祭吴将军,并欢迎同志何遂、孔庚、王伯轩、倪普祥等来并参加革命。公以吴将军革命意志之坚、识见之宏、牺牲之惨,民国二年(公历1913年)特发起铸铜像为文建碑于石家庄以纪念之。

　　吴将军被刺之后,清廷一面调第十二镇兵由奉天南下,一面命资政院起草宪法。又命各省派三、五人来京议国事。中因第六镇军经此变故,不克平定山西事,乃于太原光复后四十五日(旧历十月二十三月)派最精锐部队第三镇军(统制曹锟,协统卢永祥,管带吴佩孚,时新升标统队官王承斌,司务长张福来,皆为后来重要人物)由正太路攻晋,相持数日,终以寡不敌众,娘子关破,我前敌总司令姚以价(字维藩,山西河津人)率众退返太原。公为保存革命力量,决定分向南北转战,副都督温寿泉率部下晋南,公亲率部趋绥远。公告众曰:"当九月初七日决定明晨起义之深夜,我即悉武汉大智门被清军光复之讯,唯恐影响信心,未曾宣布。我敢断定革命大业,必将随全国人心峰起得到最后胜利。革命战争是以寡变家,以小胜大,可能经百败而后大成,今日之分退,乃将来合攻之布置。"公乘马率众出北门,与总参议赵戴文、总司令孔庚、兵站司令张树帜振辔而行,谓:"今日乃觉身轻欲飞。"盖自起义近五十日,未解衣就寝。行抵河曲得清同治年间所制上镌"神功大将军"大炮四门,众以天意助我,士气大振。十一月二十日抵包头,清廷守军以供给粮饷为条件,求勿入包头。公限其两小时内撤退,否则进攻。清兵怯而退,公遂以兵五营占据包头,其实清守军兵力实数倍于我,此所谓"革命精神战胜也。"略事整训之后,先向归绥进攻,随又决定再回攻太原。行抵晋北之神池,有天主教外籍神甫来欢迎，并言："共和了。"诸将士得知清廷已宣布共和而兴奋。公勉之曰："共和虽已宣布，收复太原尚需奋斗。不宣布共和，我不悲观；宣布了共和，我们反不敢乐观，更应整饬军纪，争取民心。"及抵忻县后接段祺瑞电，知南北议和成，山西应归革命军，嘱勿进攻，稍俟再回太原。公复谓："议和是全国事，回太原是我的责任。"段复谓已令旧军即离开，仍望维持和平。太原各界代表北上欢迎，遂整旅返太原，执行山西都督任务。

民国纪元元年（公历 1921 年）秋，广东都督胡汉民、江西都督李烈钧先后以"得北京讯，政府近主极端集权，实行军民分治，并进行大借款，以图操纵"电公。公即以"地方分权，古今通义，征诸历史，根据甚深。且中国省份之大，动逾千里，非东瀛府县、西欧州郡可比，即授以各国地方行政之权，轻重犹恐失当，遑论中央集权。况当建设时代，伏莽未靖，军政民政，其权不容分属。宜授各省都督以行政特权，限以年岁，使其厉行整理，因循玩忽届期不举者，严加惩处，使政府与地方，互相维持监督，庶政府之野心不萌，而各省亦不致逾权越限，俟国基巩固，然后徐图集权，尚未为晚。"推由胡主稿，江苏都督程德全领衔电京。八月二十五日因国民党在北京成立，于右任、胡汉民、张继、李烈钧、谭延闿诸公暨公被推为参议，袁遂益增疑忌。

九月十九日国父莅并，第一次在太原各界欢迎会演讲："今天兄弟初次到晋，蒙诸君欢迎，实深感谢！去岁武昌起义，不半载竟告成功，此实山西之力，阎君伯川之功，不唯山西人当感戴阎君，即十八行省亦当致谢。何也？广东为革命之原初省份，然屡次失败，满清政府防卫甚严，不能稍有施展，其他可想而知。使非山西起义，断绝南北交通，天下事未可知也……"第二次在学界欢迎会演讲:"前在日本之时,尝与现任都督阎君谋划,令阎君于南部各省起义时,以晋省遥应。此所以去年晋省闻风响应,一面鼓励各省进行,一面牵掣满兵南下,而使革命之势力,迅速成也。然革命虽成,而吾侪不能暇豫,以天下事往往破坏易而建设难也。今日最要之事,乃各省当统一是也。晋省于民军起义之际,既立此好榜样,则今后于中国重行建立之事业,亦当为各省模范,庶民国数月以来外患迭生险象,消灭于无形……"第三次在阎都督欢迎会演讲:"武昌起义,山西首先响应,共和成立,须首推山西阎都督之力为最……"国父临行特以"北方环境与南方不同,应想尽方法,保持山西革命基地"嘱公,公谨诺,始终以忍辱负重之精神遵行之。

民国二年(公历 1913 年)三月,国民党代理事长宋教仁被刺于上海。四月袁向五国银行团大借款成。六月李烈钧、胡汉民、柏文蔚三督被黜。复值俄人嗾库伦举兵内犯。公忧愤之余,七月七日特电袁文曰:"窃锡山本一介武夫,罔知大计,滥竽民国,毫无建白。自宋案发生,适逢借款成立,人心动摇,讹言四起,忧国之士,每虑南北水火,演成分裂之势。锡山窃以为中国之患不在南而在东,南北虽兄弟阋墙,可以理喻,满蒙为强邻虎视,必以力争。溯武昌起义,各省响应,我大总统置身于两疑之地,忧深虑远,统筹兼顾,津京秩序得以保持,近卫师团翕然听从,亲贵财产不尽落于外人之手。驯至清帝退位,民国告成,兵家所谓全国为上,我大总统有焉。当事之方急,克强诸公驰驱战地,危在疆场,我大总统侧身京师,愠于群小,其谋国也同,处忧患也亦同。今以一事之误会,意见之微异。酿成同室之争,但略予疏通,即可涣然冰释。而环观全球,外患丛集,积薪厝火,危不可言。东邻野心,早暗视满洲为已有,彼胜俄之后,犹不敢据领之者,实因俄有以牵之也,不得已与仇俄协约，意在平分。更有迫日本以不容缓图者，即美图巴拿马运河开通是也。菲律宾虽属美之领土，实在日本势力范围之中，而日本所以不敢取之者，以与俄战后之元气未复耳。美国亦知其终难和平解决，甚欲乘其元气未复之时与之一战，唯因巴拿马运河未通，大西洋军舰运输不便，故迟迟未发。日本亦深知巴拿马运河开通后，彼在东亚势力美必出而干涉，乘此运河未通，则攫我满土，愈不容缓，特无隙可乘而。今宗社党盘踞东省，与日人以可乘之隙，而日人乘机以接济之，南北风潮叠起，又与宗社党以可乘之隙，而日人又从中推助之。旧政府非求好于南，而意实在满也，若堕其奸术，则瓜分立召。东而满洲将成朝鲜之续，西而新甘一带多系升允党羽，倘出而号召，扰乱堪虞，北则蒙古煽动，《中俄协约》将成泡影，西藏喇嘛久蓄叛志，英人野心，其欲逐逐，而内地好事喜乱之徒，难保不乘机窃发。加之我国会匪遍地，群盗满山，教堂林立，洋商聚集，一旦溃决，外人之生命财产将何以保持？势必惹起列强干涉，国之不国瞬息间耳。言念及此，实堪痛心。推其由来，皆因木腐虫生，疑忌之一念所致。伏思黎副总统倡义武昌，力维大局，我大总统与孙黄诸公缔造民国，艰苦备尝。推其初心，无非救国，而经营年余，险象环生，堂堂神州，倘不亡于满清，而亡于诸公之手，则天下后世将谓我大总统何？今者三督解职，足征无他，望我大总统开诚布公，敦请孙黄二公入都，共图国事，破除党见，一致进行，则内忧潜消，外患自灭。其亡其亡，系于苞桑。民国幸甚！中国幸甚！"乃袁氏一意孤行，未予接受，对李烈钧等更横施压力，"二次革命"遂告发生。"二次革命"失败后，山西深处袁氏势力包围之中，形格势禁，呼应实难。

民国三年（公历 1914 年）七月公任同武将军督理山西军务，

嗣晋同武上将军。五年(公历1916年)七月任山西督军。六年(公历1917年)七月兼任山西省长。十四年(公历1925年)二月改任督办山西军务善后事宜,仍兼省长,迄十六年。在此十三年间,全国革命势力大为削弱,山西紧被包围于北洋军阀势力范围内,公周旋于袁、黎、冯、徐、曹、段、张、吴各期间,备受风云险恶之苦。

民国四年八月,"筹安会"成立,袁特注意山西。"筹安会"屡派员往返太原,一面游说帝制之必要,一面侦察山西之动静。公保持沉默,但告以"世界各国均向民主途径转变,为大势所趋。中国民主势力虽尚在萌芽时期,但必日长一日,逆势终当顾虑。"袁即先以其最亲信而最骄悍之金永为山西巡按使,迅速成立部队。比称帝金曾密奏袁请先撤公,以消灭山西民军势力。时袁已病,阅奏所未毕,折堕地。徐世昌、段祺瑞在侧,劝病愈后再处理。袁不起,公遭受之压力渐减。袁死后北京政府不稳定,六年夏北京举行督军团会议,此一会议内幕实含有张勋复辟与反复辟之斗争,会议中公未发言,称故早返并。至张勋复辟时,段祺瑞马厂揭义帜。公派商震(字启予,保定人)率一旅,出晋参加,事平即撤回。袁逝后,陆军阀虽成群龙无首,各谋拥戴,冀继元首。而对付民军仍属整体,其内部分裂则日甚一日,争权夺利,不惜兵连祸结。公遂宣布实行"保境安民",总目的在不卷入军阀内战旋涡。然凡有力者,无不谋夺取山西。公则对外恒以独立不惧态度处之,声言晋军不出山西一步,有来侵者,必"唯力是视。"而樊钟秀于十四年秋由东阳关,国民军于十五年夏由大同先后攻晋,均经迅速击退,全省人民得享长期安居乐业之幸福生活,华北革命力量,亦始终赖以保持。

　　公自六年兼理省政，首先成立行政人员训练所，灌输新知。即以"民德民智民财"为施政大纲，编著《人民须知》广布全省，家喻户晓。先实行户口调查，编村组织，设村、闾、邻长，施行"村本政治"，山西政治由此而肇其基。自七年（公历 1918 年）四月倡导"用民政治"。所谓"用民政治"乃针对以往政治只求消极的安民而言。且公素反对盲目的"摹仿政治"，一切施为应切就现实，以求实效。认我国积弱之弊，在人民不知政治，不问政治，更不管政治。尝谓"政治最初为神主，重神权。其后为君主，重君权。现在二十世纪，应为民主时代，应重民权，然名为民主，而实不能主，国乃大乱，更难望进步。"乃以发扬民主精神为宗旨，尽力推行用民政治。首先修筑省、县、村道路，以畅全省交通。其基础特重自治设施。仍以培养提高民德，启牖增进民知，振兴发达民财为总纲，条目规定更周详而确实。其重点在除弄方面，推行剪发、放足、禁烟。兴利方面，推行水利、种树、蚕桑、所谓"六政"是也。又扩大造林、种棉、牧畜、所谓"三事"是也。并提倡牧畜，特购阿尔斯丹、育尔夏乳牛，及澳洲美利奴羊，以期繁育纯种，改良土种。此种乳牛毛羊，在抗日胜利前，各县饲养甚多，获利甚厚。尤注重教育，凡国民教育之普及，职业教育之建立，社会教育之改进，人才教育之提高，均定适时适地适需之办法。并建立"村民会议"、"村经济建设委员会"、"村息讼会"等，以期"人人有工作"，"人人有生活"。"村村无讼，家家有余"，而达裕民生，正民行，敦民风之政旨，期能实现亲慈、子孝、兄爱、弟敬、夫义、妻贤、友信、邻睦标准的"村仁化"。山西政治由此而大著其效。

　　民国七年五月又以公文告示为施政做事利器，规定用浅近白话文，以便人民通晓。并兴办"巡回演讲"，制定简明政治标语：如

"信、宝、进取、爱群为民德四要"。"贪官、污吏、土棍、劣绅为人类之蟊贼,非依法律的手续铲除了他不可。""主张公道为人类之天职。""主张公道为法治国家之真精神。""苦学救国。""人生在世,要留好样于社会"等书于墙壁、贴于电杆。凡所措施,使人民易知易行,一扫清朝痼疾积习,于是政风民心,有如春风解冻,拨云雾而见青天,故一切新政,令如流水。公以人群悲惨现象,皆由人心污秽所造成。欲去悲惨谋幸福,应从"洗心"做起,使人有健全之心理,始能有康乐之社会,乃于七年成立洗心总社于太原,各县成立分社,全省各地每逢星期日举行集会,军、政、学、绅、商、妇女自由参加,公开讲演,重在阐明孔孟之儒学,介绍欧美之新知,国内外宿学名流,欣然莅止,民智顿开,民德大进,蔚为文明气象。至十一年起为贯彻"村治",又实施"整理村范",其唯一目的在使"村村全好"。就事说,要为人民兴一切的利,除一切的弊。就人说,要使人民都学好,使人民都不学坏,其结果村村无穷人,大家都"做好人","有饭吃"。当新政推行之初,北京政府当局,以公年少不知为政,曾两次派人劝公不可更张过多。其意以为胥吏警役如同蛇蝎,与人民接触,愈少愈好,每年催缴田赋一次,人民已不堪其扰,如百废俱举,人民时时遭受滋扰勒索,久将逼成民变。省内极端守旧分子亦多反对,认为大祸将临。时英国驻华公使朱尔典偕美驻华公使抵并访公。朱云:"我在中国四十年,未见如君胆大者。禁缠足得罪了女人,剪发得罪了男人,禁烟得罪了吸烟的人。可能无人不以君为多事,违反了中国无为的政治传统。"公答曰:"凡事只要为人民的,人民不会怨恨。禁缠足女人虽反对,但男人却赞成。剪发男人虽反对,但女人却赞成。禁烟吸烟的人虽反对,但不吸烟的人却赞成。而且是将来都会赞成的。"朱又云:"如何能使人知是为他的？"公谓："《易经》说'说以先民，民忘其劳，说以犯难，民忘其死。'只要真正是为人民，且说清楚是为人民的，人民虽劳不辞，虽死不怨。"不数年绩效大著，北政府且传令嘉奖，通令各省仿效实行。

同时成立军人工艺实习所，兴办兵工制造，规模由小而大，所制兵器农具，产品优而成本低。精缩革命部队，重质不重量，不务声华，而武力雄厚。有人谓晋方之强，实在内也。尔时各省大小战争，此胜彼败，无时或息，民不聊生。唯山西政治修明，人民安乐，道不拾遗，夜不闭户，无游民，无乞丐，无窃盗，更无劫案，中外人士目为"世外桃源"，共誉为"模范省"。时论谓公驾郑子产、魏文侯而上以美之。

民国七年冬，第一次世界大战渐趋结束。公于十一月一日为各官吏讲演谓："此次欧洲战争之剧烈，为千古所未有。自美国加入战线以来，协约国已占胜利，媾和之期，当已不远。我国亦在协约国之列，于是人人各抱乐观，谓此战终结，强权战败，则世界可期若干年之和平，吾辈可享若干年之幸福。鄙人之意，愿吾邦人士勿徒希望和平幸辐。因此次战事告终，所谓'近东问题'，当然解决。所谓远东之中国，直为第二之巴尔干半岛，危机四伏，全球注目，吾人所首祝祷者，勿因此一隅再酿成全世界之大战，则万幸矣。同一大国也，东西相映，彼美国则可以促进世界之和平，而我中国则犹恐为世界战争之导火线，相形之下，良足深思。"公之"忧深思远"，类如此。

公于八年（公历 1919 年）感于世人多由糊涂力大于明白力，老死于过错之中，无以自救，焉得救人，不能救国，遑论救世。欲使人由糊涂而变明白，再求明白力增大，糊涂力减少，以期自觉。进而以自己之明白力，减少他人之糊涂力，以期觉人。从自身深切之体验，莫若"自省"之为有效。今欲扩大其功效，又莫若与人"共省"。遂于太原洗心总社建筑可容五千人之大"自省堂"，以"悔过自新"题颁堂内，每逢星期日晨，躬亲领导文武官员举行集体自省。并随时敦请中外名人讲演古今中外圣贤豪杰成己成人之学，修德建功之实，发行洗心周刊，名曰《来复》，盖取《易经》"七日来复"之义。按期印发至各村，广为宣讲。至北伐后，举行总理纪念周时，始代替之。此举大有益于"心理建设"，有助于唤醒人之自觉，提高人之人格与坚定人之意志。凡所属军政负责人员，其后于北伐、抗日等时期中，多能各本"努力成功，决心成仁"，平时平平实实，临事轰轰烈烈，有所成就，为国家存正气，为民族增光荣者，概源于此也。

民国十三年（公历1924年）十一月国父北上后，召开"国民会议"之主张受阻，曾派员到并与公商议在山西试行《建国大纲》。后在筹备期间，草成《山西施行三民主义五权政治大纲》。不幸国父赍志以殁。公受环境阻碍，未能即时次第实现，深以为憾。公出席起草委员会时，提示要点三十八条如下：

一、三民五权，总理主义与政治之大略也。今推而行之，当补其略而申其义，以完其全而成其美。唯补之申之，须先明其本源之所在，真谛之所存，始能相合而不谬。应于推行之前，按之大纲，征之言论，求之真理，详细讨论而后编订办法。

二、总理谓三民主义，建设在中国历代之文化上。中国文化是政治文化，故以中为体，以平为用。中义属贤，平义属横。唯已过之历史是以中统平；将来重以平贯中也。

三、三民主义为私产共产之中和剂，劳资冲突之调解方，本党不特以此治中国，且将以此救世界。吾人须察乎造化之理，本诸人生之道，考诸现在，继总理之遗志，努力进行，必使其推讲世界而不谬，行之将来而不悖，合之者冶，违之者乱，始可以垂永久而治大群也。

四、三民主义发辉光大，防范流弊，均在民德。以民德为基础，始能使民族主义不变为侵略。民权主义不陷于争夺。民生主义不致有抢掠。培植民德，须政治树其本，教育启其源，乃能风行草偃。速于传命。

五、人有理性，优于禽兽，人之仁爱，固为禽兽所不及；然人之欲望，亦大于禽兽，同类相残，反为禽兽所不忍。故以理性网维欲性，导以正向，防其横流，为人类之第一要事。若提倡自利，放纵人欲，则强凌弱。众暴寡，互相残杀，循环不已，将见人类之生存，或较禽兽为不易，是故人类中贵有先知先觉者，知此觉此，以启后知后觉，而维持人类生存之大本也。

六、人为天地心，万物灵。若使无人，则造化之妙用不彰，万物之功能不显。非特万物以人为贵，天地亦以人为贵。故人也，道义之学尚，而智能之学亦尚。中国文化重前者。欧美文化重后者。今应两重而得其全，尽人性而兼尽物性。

七、人生少不能自长，老不能自养；父子夫妇之家庭制，实为人生最良之保障，人生之真乐亦存乎其间。中国文化之根本在此，社会之基础在此，而政治之精义亦在此。习有不良者，可以改善，行有不得者，可以救济；不可破坏。

八、食、衣、住、行、用为个人生活之所必需。仁爱公道为人群生活之所必需。无仁爱公道，食、农、住、行、用即失其保障。是仁爱公道，实为人类之生命。政治之事虽多，此其母也。君主政治主此,民主政治亦主此。主之在得其人,行之在有其法,故施政贵有治人,亦贵有治法。

九、政治忌繁而尚简。养老于院,莫若责成其子。育婴于堂,莫若责成其母。为民代谋,莫若使其自谋之切且勤也。律之以法,莫若动之以情之深且服也。

十、公道为政治枢纽,合之则治,离之则乱。遮蔽公道者为自利与自尊,迷信与成见,非去此数端,则施政无把握。

十一、公道自在人心,为民主政治之依据,合之则应,违之则拒,民权之所寄在此,只勿戕贼之,是非自能权衡。

十二、欲为人所具,涉我即私。处家则私其身,处村则私其家,处县则私其村,处省则私其县,处国则私其省,非防其私而道其义,民治不彰。

十三、帝国主义之侵略,固属野心;然亦由于被侵略者之公道失堕,政事废弛,有以招之也。同一国也,相差若是,固有由来。物必先腐,而后虫生,自强实为御侮之基。

十四、文化为立国之精神,物产为立国之实力,欲求两者之发展,必须养成创造能力。摹仿来之教育,求其合于实用而不可得。摹仿来之法律,求其适于社会而不可得。创造能力之养成,实为自强之肇端。

十五、共党之彻底破坏,固属残暴;然亦由于社会制度之不平,有以激成之也。若不改善,终无以善其后。

十六、民生之妨碍,在资产生息。三民主义之民生主义,是以养生的主旨,欲由节制平均,做到资不生息之程度,则民生之障碍尽去,各以职业换生活,即可除去骄奢淫惰,做到人群圣贤地步,复人生之公道,尽人生之快乐,可与日月同光华,此固总理之志愿,亦人群之幸福也。此为本党之最终目的，可随社会之演进，遂次进步，不必求速也。唯所急者，应迅奠社会于磐石之安，使主义与社会全臻稳固地位，始有从容改进之余地。所谓奠社会于磐石之安者，富者贫之嫉，贫者多而富者少，私产制度之下，露有经济革命之空隙，共产主义对此而发，共党乘此号召，物产愈发达，其空隙愈大，益之以言论自由，集会自由，此隙不补，久必为所乘。补之之法为何？劳资合一是也。总理曾云，"耕者有其田"。所谓耕者有其田，必须不耕者无其田，而后耕者始可有其田。如田皆自耕，斯地产与劳工合一，则土地之下，无其隙矣。工商方面，宜归公办者，公办之，准人民办者，取合多办法，劳工即是股东，斯劳资合一，则资本之下，无其隙矣。

十七、总理论政，不直病理而尚生理，是即不尚治病而贵养生也。治病方术，适于有病者，不适于无病者，适于患病时，不适于病愈后。故不足以垂永久，且病愈之后，治病之术，反为致病之由。今当体总理贱病理贵生理之义，立法勿偏于救弊，矫枉勿使其过正。国事至大，人事至繁，当以情理贯之；舍情言理，为不近情；舍理言情，为不合理；情理兼顾则得中，可以养生，可以祛病，可大，可久，始合乎生理之旨。

十八、国之环境，险夷无常，筹备适宜，国乃能立。唯卫国有需民力，备战有需财力。合言之，国利始有民福。分言之，国利有反民福。国权兼谋国利，民权重谋民福，必须两权得中，始能御外安内。若有偏重，内乱或外侮随至。

十九、以防弊说，政权愈小愈好，愈分散愈妙，愈牵制愈好。以办事说，政权愈大愈好，愈集中愈好，愈专一愈好。弊是害国害民，非防不可。事是利国利民，非办不可。必须弊防而不碍于办事，事办而不至于生弊,权衡得中,始能久而不敝。

二十、观察现在及已过之政权,主张公道之权,与行不公道之权相等。人类之悲惨在此,政治之诟病亦在此。如何使之只有主张公道之权,而不能有行不公道之权。监督机关每以制止人行不公道之权,与妨害人主张公道之权并用。如何使之只有制止人行不公道之权,而不能有妨害人主张公道之权,果能审度得中,深所颁也。

二十一、人有私心,有公心。以自己之公心,管束自己之私心是学问。以本人以外之公心,管束其私心是舆论。学问为政治之本,舆论为政治之用,有本而后有用,有用始能立本,所谓人有政治性者是也。学问成于道德,贵乎有人。舆论根于制度,贵乎有法。必须两者并重,以观大成也。

二十二、破坏公心,为利害涉己。利害涉己有直接的,有间接的,有暧昧的。直接的易防,间接的难防,暧昧的更难防。章制必须顾虑周密,始可杜奸邪而维公道也。

二十三、备人采择。必以公心出之,因公犹恐人不纳。以权断事,每以私心出之,虽私亦以其权在我。故不经审查之施行权,顾忌少,私心易于用事。经审查之施行权,顾忌多,私心不易用事。直接的监察权,易借以要挟,私心易于用事。间接的监察权难借以要挟,私心难于用事。绝对的制止权,便于负气行使,私心易于用事。相对的制止权,不便于负气行使,私心难于用事。此当注意者也。

二十四、人事复杂,灾变无常,一家之力,不足以御变。出入相友,守望相助,疾病相扶持,互助之道,必假于村;且于已往之历史中,村非特为互相之团体,政治文化上,亦占有重要地位。况村为全民组织之单位，本党行全民政治，尤当以村为着力点。

二十五、中人以下，习即成性，故改革尚渐，不可袭击人也。冬极寒；夏极热，由冬而变夏，经一百八十日，虽弱者堪之，骤变之，强者亦难安。故改制变法，必先申其义，限其时，而后导其行。彼圆自便而规避之者，始可强制之也。

二十六、委任则卖缺，选举则卖票，断案则卖法，掌财政实业则侵蚀公款，此为已过政治之四大弊端。防范之法，历代及各国各有不同，唯立法善者，可经久而弊小。吾国处此过渡时代，新政开始之际，应详考古今中外，善体遗意，鼓舞全民主张公道之精神，制定全民监察政治之方法，以建民治之基。

二十七、在公的会议场上，敢发出自私自便的言论来，是不以公人看他人，亦即自己甘心做非公人也。若此者，不足以做官吏，不足以做议员。在民治国家中，更不足以做人民也。此点不改，立国无基，应组织健全之舆论团体以监视之。

二十八、选举制度本在选贤，不但贿选，贤者不为，即运动选举，贤者亦不肯为之。若不详定善法，是欲选贤而反遗贤。总理先考试而后选举之法，实为选贤开关途径，应本此意，详定法案。

二十九、有治人而后有治法，贤人政治也。有治法而后有治人，家人政治也。前者贵人治，后者贵法治。然人治不可忘法，徒善不足以为政；法治亦不可轻人，徒法不足以自行。民主政治，当重法治，唯须培养民德，发扬人群公道，民主始有把握。

三十、惠人以言，不必分别亲疏，言之来也易，可以慷慨行之。惠人以衣食，必须由亲及疏，衣食之来也难，不能以慷慨行之。为政亦然。济人以衣，莫若劝其勤于织。济人以食，莫若劝其勤于耕。为农工谋利益，当励农工之勤劳，不当纵农工于掠夺。

三十一、开发物产,吾国已经落后,若不急起直追,非特不足以厚民生,而且不足以立国。唯仍用各国奖励私人资本之陈轨,恐开发之果未收,而社会革命之纠纷已至,非节制私人资本,另辟公办新途不可。公办之难处,在不易收效。为公不如为私尽力,人之恒情,比方亲自己之子女,人人皆能,禁之且不可。亲人之子女,人人难能,励之且不易。今欲公办实业,非有鼓励其尽力之法,防范其作弊之方,弗克有效。固非此不可,然甚不易也。

三十二、爱其偶,育其子,禽兽能之。孝其亲,及爱人之子,禽兽不能也。趋利避害,蚊蚤能之。利不当取则不取,害不当避则不避,人独能之。此人之所以胜于禽兽蚊蚤者也。政治教育于此点,均当极力保留,尤当极力扩充。

三十三、自己不谋照相,乃欲在世界照相馆中遍求合乎自身之相片,非特不可能,劳力伤财,并占了谋照相之精神,永无达到照相目的之一日,为政亦然。吾国科学落后,非学他人之科学不可。但学他人之学,非变成合乎中国之学,不能有益于中国。人有个性,国亦有个性。学之原则固同,应用之法,各因其个性而异。学政治不变成合乎中国之政治学,则无益于中国。学法律不变成合乎中国之法律学,则亦无益于中国。其他工学也,商学也,农学也,林学也,理学也,化学也,陆军学也,海军学也,无一非求之于世界而变成合乎中国之学,然后始可有益于中国者也。若一味摹仿,非徒无益,而又害之。不维新,如同一无精种之人,摹仿外国的维新,则变成一精神患病的人。故无精神则不能强,精神患病则欲求一不乱而不可得。当深刻注意之。

三十四、教人做好人是教的原则。鼓励人做好人,是政的原则。防范人做坏人,是法的原则。三者并进,始能臻政治于上理。

三十五、学什么的做什么，学理易离开事实。不若做什么的学什么，所学易见诸所用。应就职业团体，提倡本科教育，以期适用。

三十六、都市学校学费较大，求学的机会难得均等。应计划分年筹设村学院，并充分供给教材，以期高等教育之普及。

三十七、为人群生命，非教授方法与教育制度两者均臻完善，不易收美满之效果。猎官之教育制度，抄袭之教授方法，不能产出适用之人才。两者均应妥筹改善。

三十八、吾人所见之事最痛吾心者，亡国之痛，灾害之苦，匪盗之惨，及强凌弱，众暴寡，富欺贫，智诈愚之惨，病死之悲也。政治原理在解除人类之悲惨痛苦，医国医人，当并重焉。

民国十五年（公历 1926 年）七月一日国民政府成立周年纪念，宣布北伐动员令。三月公所部称晋绥军，公任总司令。六月国民政府特任蒋公为国民革命军总司令，七月誓师北伐，公早遥为策应，信使往还。十月革命军克武汉，中国国民党中央党部国民政府由粤迁鄂。十一月国民革命军总司令部移设南昌。十二月张作霖在北京自任安国军总司令，派其日籍顾问上肥原入晋挽公就任副总司令，公峻拒之。尔时中央党部国民政府虽在武汉，而军事重心由蒋公领导驻节南昌，公早派赵不廉（字芷青，山西五台人）为代表秘密由沪转趋南昌晋谒，其主要任务，一面说明武汉方面举措对本党有极大危机，应早为防范。并请示尔后军事配合行动。电报往还，日不计数。民国十六年（公历 1927 年）三月革命军相继收复上海、南京。四月十二日中央开始"清党"。国民政府宣布南京为首都。时武汉党政情势益形混乱，公即毅然领导北方同志，督率晋绥全军，于六月六日就任南京国民政府革命军北方总司令。

公于八月十六、二十三日两次对党政军高级人员作恳切长时间之讲演,阐释三民主义之真义,重在"全民政治,为全民谋福利。"秋在所谓"宁汉分裂"情形下,敌方认机会难得,积极企图反攻,孙传芳全军攻南京。张宗昌、褚玉璞攻河南。奉军向京汉、京绥增兵运械防御山西,时局日趋严重。公因与何应钦(时在南京)、冯玉祥(时在河南)密约一致出击,以挽危局。时奉军在关内作战实力综合奉吉、黑、热、直、鲁部队,号称安国军。张作霖自为大元帅,共分七个方面军,以孙传芳、张宗昌、张学良、杨宇霆、张作相、吴后陞、褚玉璞,分任军团长。就中使用京汉、京绥两线与北方革命军作战者,实以第三、第四两方面军为主力,是即奉军之最精锐部队。公即于九月二十九日以"扫除实行三民主义之障碍,用达救国救民之目的"为旨,通电誓师北伐,分军左铬任商震为总指挥,傅存怀(字少芸,山西忻县人)副之,张荫梧(字桐轩,河北博野人),为前敌指挥,出京绥路。右路任徐永昌(字次宸,山西崞县人)为总指挥,杨爱源(字星如,山西五台人)副之,孙楚(字萃崖,山西解县人)为前敌指挥,由正太路出京汉路。左右两路各配航空队一队,军容甚盛。与奉军鏖战于京绥、京汉铁路两线,并命傅作义(字宜生,山西荣河人),预出奇兵袭涿县,予敌重刨,实为革命胜败关键所在。唯不幸……八月宁汉分裂益甚,蒋总司令下野,九月二十八日东渡日本。公孤军苦撑,牺牲奋斗,达数月之久。十七年一月四日蒋公复任总司令,继续领导北伐。中央政治会议分军为第一、第二、第三集团军,五月中增第四集团军。二月二十九日公改任第三集团军总司令。四月中,公审度情势,非倾全力积极出击不足以解京汉线之危,而竟革命之功。乃亲至阳泉指挥作战,时公所属军在石家庄及以南者共十一师,而奉军在京汉线之兵力不下四十余师,众寡固甚悬殊,唯因战略配合得宜,将士忠勇用命,公深筹密计，出奇制胜，用能摧败强敌。迄五月三十日，克保定，即指挥各路军继续前进，六月三日张作霖败退。六日收复北京、天津，公时驻节保定，国民政府改北京为北平，任公为平津卫戍总司令，受各国驻我国公使团暨学、绅、商民一致热烈欢迎，十一日入北平，寓陆北海之静心斋，抚绥军民，安定地方。九月间克复冀东、唐山、滦县等地。十一月二十九日张学良、张作相、万福麟等通电东四省易帜，北伐于以完成，自建元以来分崩离析之局，至兹乃告统一于革命政府之下，此公之志也。

民国十七年八月任太原政治分会主席。九月任国民政府军事委员。十七年十月任内政部长。十二月任蒙藏委员会委员长。十八年三月任中国国民党中央执行委员。四月任陆海空军副总司令。十七年九月公在北平对法国名记者解答初步实现民生主义工商之办法，曾提出"劳资合一"的主张，即有生产资本之人与劳动者相合为一，农为自耕农，工商为自本自营之工商，凡此小农小商之田地与资本虽皆归私有，但无资本家劳动者之分别。至大工商大农场分别由国、省、县、区、村公办之。在公办农上商下之劳动者，田由公授，资由公给。如此劳动者与生产资本所有者，皆合而为一。即可收去剥削，不怠工，加大生产之效。如此民生问题则可顺利走上解决之路。十二月公晋京出席编遣会议，力赞实施编遣方案，实行裁兵建设，在中央党部提出"裁兵为建设之先务"，并作公开讲演，以求主张之贯彻。

民国十八年五月冯玉祥称兵河南，势将扩大。公于二十一日复电请冯来晋，偕同出国，释兵息争弭乱。嗣冯由潼关渡河，公赴晋南相迎，招待于河边村西汇别墅。七月蒋总司令飞北平，公赴平晋谒，并晤张学良，诩赞和平统一，国民政府撤销冯之通缉令，公亦不得实行放洋。十二月唐生智在豫拥汪精卫,谋叛乱,公出兵,亲赴郑州敉平之。时因数有纷争,兵戎迭起,公斡旋其间,冀谋团结,而疑谤骤兴,致起十九年中原之战,公中心忧伤,愈发不寐,主张国事付诸国人遂下野,出国考察。二十年一月过大连小住,参观旅顺大连,一面准备考察工作计划。一面对进山会议时论所得结果纪录,再加检讨,由三月十五日起与赵戴文等十余人研究"新村制度",是亦《物产证券与按劳分配》著述之开始,每日与随从举行座谈会。其后秋高气爽,正拟按原定计划,经日转欧美,适接电,知太公忽病重,公性至孝,又为独子,遂于八月五日经大同回五台乡居,侍膳问安之余,河边村一带实地试验机器凿深井,谋兴水利,以作补救山西十年九旱之一种灌溉,并研究开发西北实业,筹组西北建设实业公司。

民国二十一年(公历1932年)一月日军在我东北进占锦州。在华南侵入淞沪,"一二八"战事爆发。三月日军劫持溥仪成立伪"满洲国",大局危急。三月中央任公为太原绥靖主任,总管山西绥远两省军政,公以"大义所昭,不容自逸",即于四月一日赴并就职。二十四年(公历1935年)晋叙陆军一级上将。十二月任国民政府军事委员会副委员长。老成谋国,深心独运,实负国家柱石之重任。

自"九一八"事变(民国二十年九月十八日,公历1931年)以后,公深感外患日亟,十一月向中央第四次全国代表大会建议"十万雄兵,死守锦州",以御目前之侮。并力主"自强救国",属于全局者,确定"全国十年建设方案",以图根本之自强。属于山西者,一面制定"山西省政十年建设计划安",按定度进行。一面组织自强救国同志会以推动之。其后公既手订"山西省政十年建设计划案"成，为执行确实有效，又在事务技术上有"山西政治日历"之创制。即利用每年印用之日历，根据政府所定进行事项，按日载明其上，如植树事项，由所需各种树苗之种类数量，何处适宜栽植何种树？何处育苗？何时移苗？何时分栽？何时检查？各段事项，由何机关何时发动？规定由何机关遵办实行？由何机关实行检查？由何机关复查考核？如何赔行竞赛？如何实行赏罚？优良者如何仿效扩大？贻误者如何戒饬补救等，凡树之由苗至成长，皆按时分条，有明确之规定，诸如此类。凡一事之先后本末，纵的贯彻，横的联系，使负责人随时触目了然，免有贻误。所谓"管人办事，若网在纲。使人从事，举重若轻"者也。

其所创办之山西人民公管事业后改称山西全省民管事业，原始资金银币五百万元，由全省分区选举董事、监察，成立董事会与监察会，并由全省按三道区每区产生督理委员一人组织督理委员会，为最高督理机构，公被推为第一任首席督理委员，亲自主持各项计划及重要章则之拟订。本企业化原则，成立法人组织，采"人法并重"精神，规定股东不分红利，所有盈余，悉作扩充事业之用。预定本利发展至二十四亿时，以其盈余办理山西全省四项公益事业，即水利、交通、教育、卫生，并代缴山西人民负担。此项事业至抗日战争开始，已发展至银币一亿元之谱，计轻重工业四十余单位，各种机器四千余部。各项产品不只供应省内，代替外货，且销行各地，享誉国内，为本省工业化奠定良好基础。同蒲铁路完成一千一百余公里。而人民之生产与生活，亦随之普遍提高，世人比山西为东方之瑞士云。公性喜建设，重计划，精计算，善检点。尝云："从事建设，以经济为上，应本学理公式与经验，三次五次的研究核计。多研究一次，多增一分的明了，多核计一次，多加一次的精确。"又云:"向前检点,十人九能。向后检点,十人九不能。"二十一年,山西省政十年建设计划开始,有修筑铁路一项,五年完成同蒲路干支各线,以兵工为之,先时人以为空想,即在事人员,亦恐有首无尾。公召集有关人员,详审精算,大至轨距轨重,小至土方石方移运单位,无不列为标准,精益求精,订有《山西修筑窄轻轨铁路计算书》,此书要点在计算明白所以决定修筑窄轻轨之理由事实根据,因当时有盲目讥刺以至反对者。又编《兵工筑路工程计算汇编》及《工程须知》等书,出刊应用,人始坚其信心,能底于成。开工之初,即规定定期召集有关会议,每周两次,按其预定进度,"联系""检点",举行会议计五百次,至于完成,亦未稍变,而逐段竣工,未曾延期。且因计划合理,核算精确,管理彻底,无中饱,无浪费,成为世界建设费最低之铁路。对于使用机车以何种为最适宜之决定,其中窍要,德人火车专家毕士敦代表克鲁伯厂在中日两国业此十余年,对公之提示要点,须请示该厂研究,始能圆满答复,叹为不及。同时兴创炼钢厂,天津《大公报》社论谓"国家多年不敢办者,贫瘠之山西,何能有成?"备致讥诮。后自二十四年起至二十六年完成由炼焦炼铁炼钢全国最新式之"一贯作业钢厂",日产铁二百吨,钢一百二十吨,共需资八百万银元。其时有人计划须两千万银元者。"为大于细,图难于易",虽工程专家亦深佩公之精密焉。

公以资本生息复利计算增值甚快,尝在河边村家居时,着川至中学以本钱银元一年息二分四厘(即百分之二十四,为当时乡村一般利率),复利计算,以一百年之本利和为课题,使学生详确计算,约为二十三亿银元,可抵山西全部不动产之价值,若以之谋各项辐利,可谓无比大之资本。于此亦可知私资利息剥削之可怕,欲去其弊而与其利，须建设公资以消灭私资，因即提倡组设省、县、村营业公社，就省、县、村各富有之家。酌情无息借资若干，定二十年清还本金。出资之人并得为营业公社董事，二十年后所得盈余全数作为省、县、村之各项福利建设基金。省营业公社于民国二十年组成，迄抗战开始时，各县亦全部组成，各村亦多数组成。其先组成者，五年之间，多有十倍以上之盈余。利息归公，为公众谋福利，已启其端，而建其基，惜抗战军兴，国土沦陷，致未能乐观其大成。而其方法与绩效，已足证明为改革经济制度之最稳健办法矣。

其时公制《努力实现歌》："无山不树林，无田不水到，无村不工厂，无区不职校，无路不整修，无房不改造，无人不劳动，无人不入校，无人不爱人，无人不公道。"在抗战前全省学生皆能歌之，人民无不乐闻焉。

民国二十三年十一月十日，太原绥靖公署与山西省政府联合扩大纪念周，公发表："开辟造产途径，解救失业恐慌"讲话。提出物产证券的主张，引起国内外各大报纸及经济学者的讨论。如天津《益世报》，广川《民国日报》、《银行周报》，美国出版社社长费尧，英国自由经济协会研究部主任毕奇，伦敦英法美币制改良协会会员费等。先后出辩难题，皆经一一答复。应各方请求，汇印为《物产证券讨论集》，出版后，素对钱币革命有研究之徐青甫、刘之任先后到并研讨物产证券的理论与实施。且其时正当我国受美国白银政策之影响，现金外溢，中央亟谋改革币制解决银荒问题。

民国二十五年（公历1936年），日本曾派土肥原来并访公，要求"中日经济合作"，愿以公为桥梁。公谓："中日经济合作，本属应该，但须公平，各以所有易其所需，不得强为倾销。"曾应日本《电通社纪念刊》著一文畅论此项互助合作两有裨益之主张。又日本内阁曾派兴中公司社长十河信二来太原谒谈,表示不赞成日本对中国有军事行动,盼能中日经济合作。公于会谈中曾谓:"远在千年以前,中日两国交通在不便时期,尚能和善相处。现在文明进步,交通发达,而两国国交关系,反多生隔阂,显为时事颠倒现象。且如或中日战争,是为共产党造机会,其结果必然两败俱伤。今后两国实应共同努力文化、经济互相提携,公平合作。并对合作主张由贸易合作而生产合作,由生产合作而生活合作。不止为中日两国应如此,即以世界经济关系论,欲化敌为友,化险为夷,亦应如此。"临行公赠诗一首云:"亚洲民族半沦颠,挽救全凭先进贤。若以同种为对象,渔人得利在眼前。"及日本失败后,其国之有识者痛定思痛,益佩公之卓识。嗣日军侵华行动,益趋积极,公毅然提出"守土抗战"口号,发动晋绥军民先起备战,复成立牺牲救国同盟会,号召爱国青年,参加准备抗日工作。秋冬之际,日军侵我绥东,守军本公指示奋起抗战,十一月二十五日一举攻克百灵庙,举退犯敌,造成名震中外之"绥东抗战"胜利事迹。

十二月蒋委员长飞莅西安,督张学良、杨虎城"剿匪",突被张、杨劫持,演成双十二"西安事变",人心惶惶,举国震惊。公于十三日急分派赵不廉(时为太原绥靖公署驻京代表在京)、傅作义(时为绥远省主席兼第三十五军军长,在绥远)、赵戴文(时为太原绥靖公署总参议,在并),即时分飞西安设法营救。又以十万火急手电致张、杨,文曰:"来电均诵悉。环读再三,惊痛无似。弟有四个问题,质诸兄等:第一,兄等,将何以善其后?第二,兄等此举,增加抗战力量乎?减少抗战力量乎?第三,移内战为对外战争乎?抑移对外战争为内战乎?第四,兄等能保不演成国内之极端残杀乎?前在洛阳时卿兄曾涕泣而道,以为介公有救国之决心。今兄等是否更以救国之热心，成危国之行为乎？记曾劝汉卿兄云，今日国家危险极矣，不洽之争论，结果与国家不利，当徐图商洽。不洽之争论，尚且不利国家，今兄等行此断然之行为，增加国人之忧虑，弟为国家，为兄等，动无限之悲痛。请兄等亮察，善自为之。"公自"九一八"事变至"七七"事变之六年间，以坚强决心，深妙运用，促成坚决抗战国策，粉碎日本军阀在华北游说诱迫之阴谋计划，并尽其最大努力，斡旋国事，使国家不至分裂。

民国二十六年（公历1937年）"七七事变"起，公即于八月六日晋京参与国家大计。时有主张"焦土抗战"者，有主张"糖包政策"者，公赞成采长期抗战方策。或虑有不服从者，公即誓言："攻府抗战为民族争生存，为国家求独立，倘有不轨，愿亲往说明之，必能说服之，若无效，愿以身殉之。"抗战开始，公任第二战区司令长官。八月八日，日军侵入北平城。二十七日又侵入张家口，再由平绥路进犯山西。九月公指挥所部，迭挫敌锋于晋北平型关。十月初大战于原平、忻口等地，敌将坂垣所部最精锐部队十余万众被歼逾四万，实为抗战开始之首次大捷，全国人心振奋，使日本军部对我"速战速决"之计划，遂成梦幻。

九月二十四日保定失陷。十月十日石家庄继陷。邢台、邯郸先后不守。十月二十六日娘子关破。敌沿正太路西犯，策应其晋北军以会攻太原。我军晋东方而败退，晋北因之亦陷不利，太原终于十一月八日撤守。我军沿同蒲铁路及晋西公路且退且战，守点控面以收持久消耗敌人之效。公驻节临汾，安抚军民，整训部队。一日公正对青年军官训话，敌机忽低飞上空，公不为稍动，仍娓娓不辍。人固佩公之大无畏精神，但仍以危险力劝。公曰："军事行动，日处险境，唯不惧不乱者乃胜。今日之事，我若不定，大家必乱动,正予敌以目标,则同归于尽,孰安孰危,丝毫不敢苟也。

十二月十三日首都沦陷。公于二十六日赴汉口出席会议,参预政府实行"全面战的战略"决定,于二十七年一月三日返临汾。公坚认抗战为中华民国复兴之最好机会,特提出"民族革命"口号,主张:(一)巩固扩大民族统一战线,坚持持久战,争取最后胜利。(二)创造政治化、主义化的国民革命军,武装民众,广泛的开展游击战争,建立抗日的游击根据地,贯彻全面抗战。三、切实执行优待抗战军人家属,改善士兵生活,抚卹伤亡,安置残废。四、组织全国民众参加抗战,全国人民(汉奸除外)都有抗日的言论集会出版结社之自由。五、改善各级行政机构,肃清贪污,建立并巩固抗日民主政权。摧毁敌伪组织,铲除汉奸卖国贼,并依法没收其财产。七、切实执行合理负担。逐渐减租减息,救济难民灾民,改善人民生活。八、实施抗战的经济政策,扶植手工业,发展农业生产。九、推行民族革命的教育政策。十、国内各民族一律平等,共同抗战。联合世界弱小民族与被压迫民族及和平国家,争取中华民族的独立自由,拥护世界和平。为民族革命十大纲领,"以弱变强","以弱胜强"双齐下办法,以达"由抗战胜利到民族复兴"之目的。设立民族革命大学广收全国革命青年,先后约万二千余人。公每晨到校作课前讲话,实施精神教育,极为有效,汇为《民大课前讲话集》。

民国二十七年(公历 1938 年)春,敌焰方张,抗战展开全面、踏入持久、艰苦阶段。公为发挥革命精种,加强奋斗力量,担负由"民族革命到社会革命"之任务,适应战区军政民各项工作之需要,特发起组织民族革命同志会,即由当时第二战区驻在临汾之首脑及各地负责同志为发起人,于二月十六日在襄陵温泉举行会议,成立民族革命同志会，提出：中心思想为物产证券与按劳分配。中心任务为由抗战到复兴的民族革命。组织原则为组织责任心和民主集中制。工作方式为集体领导，集体努力，集体制裁。行动作风为知错认错改错，反求诸己，取得人心。组织生活为互相批评，检讨错误，严格的小组生活。并通过民族革命同志会公约；其内容为：（一）民族革命之目的在争取抗战之胜利，一直做到民族之复兴。（二）本会同志应努力于抗战之种种工作，以求抗战之胜利，努力于迎头赶上之种种工作，以求民族之复兴。（三）本会同志之集合，在集体努力，集体监察，集体制裁，以加强工作效率，使一切政治军事突飞猛进。（四）本会会员须有充分组织责任心以促各种职务责任心之圆满表现。（五）本会纪律，绝对实行烟、睹、赃、欺的自治禁绝，与放弃组织责任心的严厉制裁等项。抗战八年，公领导战区军民，坚持敌后作战，始终不退过黄河一步，卒获胜利者，此组织之力为多也。

　　尔时，公创"民族革命战法"，著《抗战最高峰》及《无条件的存在》，指明奋斗之目标与争取成功之道路，故人人兴奋，乐于牺牲一切，努力抗战工作。其后敌势愈张，而我军民在公领导下，愈挫愈奋。所有军政措施，俱在战斗中建立，艰苦中进步。在此期间，公驻节吉县，领导指挥，晋西北以临县岢岚为中心，晋东北以五台山为中心，晋东南以沁县长治为中心，晋西南以中条山汾南为中心；建立四大游击区，暨各游击根据地互为联络策应，造成抗战坚强堡垒，牵制敌人约五十万众，以致敌愈陷愈深，我愈战愈强，皆此组织力量，军民团结之效也。

　　民国二十八年（公历 1939 年）春，因自上年十月二十五日武汉撤退后国内外均受影响，以致抗战进至更艰苦阶段，公率所部三十余万人,在晋西保有十一完整县,万山丛立,地瘠民贫,军粮民食,极感困难,当召集各县人民代表及县长开会时,说明此种实情,官民一致声明愿请军队抗拒日寇,保卫地方,人民尽力供给食粮,显示军民合作无间。公即定实施政治领导,组织民众,巩固游击根据地,造成群众基础,军民打成一片,使"生活"、"生产"、"战斗"合一。并于二十九年六月创行"田赋徵实",对军公教人员实行"实物配给",于是人民便利,军食充裕(民国)三十年夏中央令全国实行之。

民国三十二年(公历 1943 年)抗战进入最艰苦阶段,公时兼山西省府主席,为使"土地问题"与"国防问题"并为一谈而处理,"民族革命"与"社会革命"熔为一炉而解决,根据访问人民所得之意向,提出划时代之"兵农合"制度,在晋西二十余县首先实行编组服役、划分份地、平均粮石等工作,做到种地人多,打仗人多,增进粮食产量,加强作战力量,乃得安渡抗战最严重难关。至胜利收复各县,次第推行。

继在晋西实行兵农合一之后,又有"新经济措施"。其基本目标,在粉碎敌人的经济封锁,实行自给自足。政府根据全面的需要,计划生产,废除私商,化商为工,人人合作,全面互助。产品由合作社接收,发给合作券,有多少物,发多少券。物券相符,故无物价波动,券值贬低之虑。社会上只有正当生活的供给,而无奢侈享受的供应。

由于兵农合一制度与新经济措施的推行,人人生产,人人劳动,人人皆有工作,人人皆有生活,做到生活、生产、战斗合一。并以工作保障生活,以生活管理行为,使人尽其力,力无靡费,做到无愚人、无穷人、无闲人、更无坏人。由家家计划,到村村计划,做到家家有余，不仅适应了艰苦抗战的需要，亦为社会性的一大改革。

民国三十四年（公历1945年）四月墨索里尼死。公认轴心即将崩溃，当由克难城移节前方隰县城，策划收复事宜，并训练担任收复工作干部。继而盟军攻入柏林。德军失败后，公即认日军之失败为期不远。此时公因美国总统罗斯福逝世，特述感怀谓："世界由黑暗转为光明，人类出于苦海得到安乐，罗斯福总统实有领导责任。唯我国对其逝世，更当努力现代化。因论者谓第二次世界大战，以中国不能现代化为导火线。此项评论，不能谓为毫无理由。若第三次世界大战，再因我国不能现代化为导火线，则将无以对世人，及所企求之世界和平。故应加速努力现代化，以负安定世界更大责任，以增进维护将来世界之和平幸福。"七月中遂由隰县城进驻第一线之孝义城，积极布置收复工作。八月十四日日本宣告投降。预派各路军队前锋自十一日开始分别以最神速之行动，分道挺进，十六日进入太原、临汾。十五日即先进入运城，二十三日进入长治，不三周而光复代县、大同，全省一百零六县市，除共军所占县城外，有七十九县市全部收复。二十二日奉中央派为山西受降官。八月三十一日安全进入太原绥靖公署，完成胜利凯旋。光复后解除日军武装，进行各项接收，迅速而确实，被推为全国之冠。十一月十八日飞陪都重庆述职，报告敌我情况及军政措施，并密陈救国之道。朝野以公劳苦功高，倍致推崇。二十九日飞返太原。

民国三十七年（公历1948年）六月共军集六十万众，猛攻太原外围，公为防其各个击破，以全部兵力集守太原，建立"战斗城"的体制，规定战斗城十二行动网领以为集中太原后的奋斗目标，主要在彻底实行生活生产战斗合一，人人直接间接参战，一切人的劳作为了战斗,以建立战斗城。在整体工作之下,贯彻四大平等,做到政治军事化,生活战斗化,劳作生产化,健全开展的种能与说服感化的团力,收复全省,完成兵农合一的政治。

民国三十七年(公历 1948 年)冬徐蚌会战,军事失利,大局逆转。

十二月八日公奉枢府迁台湾,即积极策划保卫台、琼。

公交卸行政院院长职务后,即卜居于阳明山之菁山,其地原为日据时代之未完成农场,无汽路、自来水、电灯、电话等现代生活必具条件设备,人或难之。公谓:"愈静愈好。"北人不惯炎热与台风之侵袭,乃用石礧筑种能洞,深居著述。

公之思想基于心物一体之中,以宇宙本体为宇宙万象之母,万象皆由本体而来。且万象均是得中则成。失中则毁,反证宇宙本体为中,并以中是天道,亦是人道。万物均是由中演变而来,且以中成就万物,所以说中是天道。宇宙间的万物万事,无不是得中则成真,失中则毁;人及人事,亦然,所以说中亦是人道。万物的种能是仁,如桃仁、杏仁、谷仁。万物皆由种能而生,若无桃杏谷的种能,即无桃杏谷的物。宇宙间若抽了种能,则万物皆无,万象皆灭,所以说仁是人道。但种能成万物,必须依中的法则,若违反了中的法则,便毁灭了物的成就,所以说仁道亦是天道。中仁即是"天人合一"之道。

中的表现,是恰当正好,部位上不偏不倚,程度上无过无不及,关系上横不碍其他,竖不碍将来,人欲有对无错,充分圆满地完成事,必须得中。

公以处事得中,在人的感觉反应上谓之对。若失中,则谓之不对。所以中是人事成就的内因,对是人事成就的外征。盖人事的对,含有因果相称之意,如同算学上等号两边的数相等,始谓之对。
人事重在求对,而事之外征的对,是根据事之内因的中来的。中在
不中的中间,不在不中的反面。当然,对亦在不对的中间,不在不
对的反面。人事欲求对,应在不对的中间找。在不对的中间找对,
是以对的一,规律不对的万,使不对归于对,而人事常治。若在不
对的反面找,是以这一端的不对,否定那一端的不对,使不对与不
对递相否定,而会常乱。爱倡"中的人道"。

　　公认"中的人道",是中国儒学传统之道。尧创之,舜继之,禹
随之,孔子集其大成,孟子以及后儒阐发之。尧以帝位传舜,舜以
帝位传禹,均嘱"允执厥中"。能执中,人事即有对无错,人生则有
福无祸。孔子祖述尧舜。即发挥中的人道,中仁并提,称为儒道。
亦即人生存继续归宿上一贯完成之道。唯孔子先后对子贡、曾子
说:"吾道一以贯之。"而子贡、曾子未问这"一"是个什么,孔子至
死亦未说这"一"是个什么。公除对孔子无时空如明镜的心境无
限的敬佩外。认此在儒学之根源上成为人弄不清楚的一个缺疑。
并谓:"假如二子问'一'是个什么? 孔子可能或'一'定答一是中。
何以说是中? 因中是宇宙的本髓,万象的来源,中是贯彻万物万事
的始终的。万物万事无不是得中则成,失中则毁,中为万物万事的
成就律。欲以一贯万,只有中。孔子说:'中也者,天下之大本
也。'天下即万物万事的万象,天下之大本,即万象之大本。孟子
说:'孔子,圣之时者也。'即是时地人上事事得中,无边大的空间,
无限长的时间岁数多的人事,如能时时得中,即能使万事皆对而无
错,皆成而无毁。一以贯道的话,舍中尚能言何?"公以儒道是中
国独尊之道,纯属客观的情理,毫无主观的意念。是以"宇宙万象
来源的中与成就万物的仁,为处理人事之道,即是"中仁合一"之

道。此正是中国由尧舜至今四千年中治人治事之道。国以公为中。君以贤为中。惜夏以君位传子,成为家天下之后,传子是私,子未必贤,君位传子则失中。于是自夏以后,中的人道不在朝而在野,亦即不在政而在俗。"

民国初年印度泰戈尔到太原,偕有英美学者数人。他们向公说:"你们中国是中道文化。我们此行经过上海、天津、北京,概找不到一点中道文化的痕迹。"公答谓:"不只上海、天津、北京找不到,就是太原亦找不到。你们要想找,去乡村可以找到一点。"于是他们留了一位英国朋友在太原县晋祠等村住了半年。离山西时,对公说:"在民间的交往上伦理上与婚丧事上还能看出中道文化来。"此可说明儒家的学问自君位传子以后,即在乡村而不在城市,在民间而不在政府。

1960 年 5 月 23 日上午,公因心脏病突发,病榻执贾资政景德手,犹以国事殷为念,无片语及私,不幸数小时即逝,享寿七十有八。

附录二：阎锡山年谱

1883 年　1 岁

阎锡山,字佰川(百川),山西省五台县河边村人,小名万喜子,号龙池,堂名为"斌役堂"。

阎锡山祖籍山西洪洞县。其先祖在明代洪武初年由洪洞县棘针沟迁居阳曲坡子街。清初,先祖阎存诚迁于五台县,定居河边村。一连几代,靠种地、驮炭和做短工度日。直到第四代后才能排出比较准确的谱系。

阎的祖父名青云,育有二子一女,长子书堂,即阎锡山之父,次子书典。此时阎家经济已比较宽裕。阎锡山后来回忆:"我祖父时,即成一个小地主,但一半自种,一半雇工帮助,亦可谓一个半帮工的自耕农。"阎青云常常拿出一些钱粮送给乡亲,故有"乐善好施"之誉。阎书堂读过私塾,后弃学经商,娶本村曲成义之女曲月清为妻。

1889 年　6 岁

母亲曲月清病故。阎书堂又娶定襄县陈家营陈秀清为妻。陈家以不养阎锡山为过门条件。由于陈家势力较大,阎书堂只好同意。阎锡山被迫离开父亲,到同村外祖父家生活。

1890 年　7 岁

进入小堡私塾读书,塾师曲近温教他学习《论语》、《孟子》、《中庸》、《大学》等典籍。在塾师和外祖父的严格要求下,阎锡山学习认真,所学内容一般都能熟读、背诵。

1893 年　10 岁

进入大堡私塾学习,塾师曲本明教授《诗经》、《书经》、《礼记》、《易经》、《春秋》及《纲鉴》等,并开始学写八股文。

寄人篱下的生活和缺乏父母的慈爱,使得这一时期的阎锡山情绪不稳,有时沉默寡言,呆若木鸡;有时又像一匹脱缰的野马,狂奔乱跳,且好打抱不平。12 岁时,因不平事,曾用刀刺伤乡人。同伴们都怕他,老远就躲着他,都说,万喜子不好惹,还是离他远一点好!

1898 年　15 岁

阎锡山回到父亲身边,在父亲开设的"吉庆昌"钱铺做小伙计,对店铺的经营提出一些好的建议,逐渐为家人所器重。阎锡山通过与社会各阶层人士广泛接触,也增加了对社会的了解。

1899 年　16 岁

由父亲阎书堂做主，与徐竹青结婚，徐家位于五台县大建安村，距离河边村约 5 公里。作为阎锡山的原配夫人，徐竹青没有读过书，也没有生过孩子。后跟随阎锡山一起去台湾，88 高龄时去世。

在协助父亲经营的过程中，学了不少"精打细算"、牟取暴利和投机钻营的手段。同时，在村义学继续学习经史子集。在此期间，摘录许多古代圣贤修己治人的名言要语，自己题名为《补心录》。

1900 年　17 岁

阎书堂"打虎"（一种买空卖空的市场投机行为）受挫，不仅赔了流动资金，还欠下了外债。面对讨债的、打官司的、持"钱帖子"兑现银的，两手空空的阎书堂招架不住，一筹莫展，只得三十六计，走为上策。他乘黑夜摘下"吉庆昌"牌号，转移钱铺的部分货物，悄然离开五台县城，到别的店里帮工混饭。阎锡山也回到河边村，做起了走街串巷卖烧饼的营生。

1901 年　18 岁

阎锡山担任司赈纠首（相当于村长）。时值八国联军侵略中国，德军进攻五台县龙泉山。为堵截德军，清廷派马玉崑、董福祥率部开赴五台县。阎锡山被清军拉去做杂工，吃尽了苦头。为防止清军扰民,阎锡山偷卖了继母的首饰,纠集壮丁,组织武装,保卫村庄。村民对阎锡山此举倍加称赞。

为躲避讨债人上门逼债,阎氏父子先是到忻县一家药铺帮忙,后又到达太原。阎锡山在同乡魏老五的"裕盛店"当伙计,并拜魏做干爹。在此期间,阎锡山结交了一批朋友,并与黄国梁、张瑜仿照"桃园结义"的形式,结拜为兄弟,阎锡山为老三。

1902 年 19 岁

阎锡山报考山西武备学堂。初试时,阎做了《韩信将兵多多益善》的论文,很有见地;口试时,阎态度谦恭,对答如流,深得山西新军第四十三混成协统姚鸿法的赏识,随即被录取。其结拜兄弟黄国梁、张瑜也同时考取。

阎锡山在武备学堂期间学习认真,成绩优良,赢得好评。经过三年的刻苦学习,以优异的成绩毕业。

1904 年 21 岁

1 月,清政府选派出国留学生 1300 余人,其中山西省选派 50人。此时阎锡山即将从山西武备学堂毕业,遂决定报考,并被录取为清廷公派留日学生。7 月,阎锡山到日本后,先在东京振武学校学习日语和近代科学知识。在此期间,他经常参加"留日同学会"的革命活动。

1905 年 22 岁

1905 年 8 月,孙中山领导的中国资产阶级革命政党——中国同盟会在日本东京成立。10 月 28 日,经谷思慎介绍,阎锡山加入了同盟会。他还参加了以同盟会中留日军校学生为主的"铁血丈夫团",该组织以"富贵不能淫,贫贱不能移,威武不能屈"为团规,随时准备为国捐躯。

1906 年 23 岁

阎锡山利用学校放假的机会回山西运动革命。他不顾旅途疲劳,到雁门关、五台山一带宣传革命,揭露清政府的腐败无能和卖国行径,还秘密考察了雁门关内外形势。三个月的假期结束后,与他一同回去的赵戴文留在太原,发展同盟会员,鼓动青年参加新军,为发动起义做准备。阎锡山则返回日本,进入弘前步兵第三十一联队实习。实习结束后,进入日本陆军士官学校学习,为第六期学员。士官学校除讲授一般军事理论和进行军事训练外,经常灌输日本军国主义思想,鼓吹"有强权无公理"、"优胜劣败,弱肉强食"等谬论。日本教官甚至带领中国留学生去参观甲午中日战争中日本海军打败中国军队的陈列馆,这是对中国留学生的极大侮辱,阎锡山等对此进行抵制。

不过,阎锡山对日本人的尚武精神十分欣赏。他联想到日俄战争中日本能够打败俄国,认为,富国必须强兵,必须尊重军人,要走军国主义道路。

在陆军士官学校期间,阎锡山经常与李烈钧、唐继尧、李根源、朱绶光等一起分析时事,研究政情。为适应回国革命的需要,阎锡山等编著《革命军操典》与《革命军战法》。前者注重编制之改善,后者注重夜战。由于用于功课的时间有限,阎锡山学习成绩平平,各门功课仅及格而已。

1909 年　26 岁

3 月,阎锡山从日本陆军士官学校毕业,绕道朝鲜回国。他并没有直接回山西,而是到北京谒见陆军部左丞姚锡光,自称是留学归国学生代表。其谈吐谦恭而庄重,给姚留下了不错的印象。姚写信给儿子姚鸿法,嘱其对阎做特殊优待。因此,阎锡山回到太原,即就任山西陆军学校的教官,三个月后升任监督。

11 月,清政府为选拔军事人才,下令召集留日归国学生到北京会试,并以考试成绩作为军界用人的依据。结果,阎锡山的会试成绩列上等,被赏给陆军步兵科举人,并授以协军校。

1910 年　27 岁

是年夏,阎锡山升任山西新军八十六标教练官,即副标统,乔熙为该标三营管带、张瑜为二营管带,黄国梁升任八十五标标统,姚以价为该标二营管带。这样,革命党人在山西新军中有了相当的力量。

阎锡山就职后,为运动军队,发动起义,同赵戴文、温寿泉、南桂馨等人策划,决定"一面发起成立山西军人俱乐部,表面上研究学术,实际上团结革命同志,暗中鼓动革命。一面组织模范队,表

面上作训练的表率,实际上作起义的骨干",并趁机将同盟会会员
王嗣昌、张德荣调入模范队,任队长。后来又将保定陆军速成学堂
的毕业生、同盟会会员张培梅、赵守钰、路福保调模范队任职。这
样,模范队完全处在革命党人的控制之下。

1911 年　28 岁

初秋,阎锡山升任八十六标标统。针对当时山西军队以外省
籍居多且多是老兵、军纪不佳的现状,阎锡山提议实行征兵制,得
到军政领导的赞同。推行的结果,使兵员结构发生了很大的变化,
新军步兵两标中,五分之三以上为山西籍的劳动农工。退伍老兵
中有不少人参加了同盟会,而且大多是班长之类的骨干,阎锡山等
决定筹款到绥远河套地区购地,建设农庄,开设店栈,予以安置,将
这批力量保存下来。

10 月 10 日,武昌起义爆发,各地纷纷响应。湖南、陕西于 10
月 22 日同时起义。由于晋、陕地域毗邻,陕西起义对山西震动很
大,而且两省革命志士早有联系,曾约定同时起义,相互策应。陕
西起义后,山西起义随时可能发生。

10 月 29 日凌晨,山西新军第八十五、八十六标在阎锡山、姚
以价、张树帜等指挥下举行起义,经过激战,起义军很快占领太
原城。

太原光复后,起义领导人召集各界人士举行紧急会议,决定效
法已光复各省,建立军政府。会议推举阎锡山为都督,温寿泉为副
都督。军政府下设七个部,用黄帝纪元年号,称中华民国。军政府
门前悬挂"八卦太极图"旗。阎锡山在文武僚属会议上要求大家

"为人谋,不为己谋",为革命奋斗不息。

军政府成立后,即刻发布安民告示,安定社会秩序,同时发表起义宣言和檄文,历数清朝统治者的罪行,号召各地民众速举义旗,推动山西全省的光复进程。随后,阎锡山将军队整编为四个标,分别由张煌、苗文华、刘汉卿和张瑜担任标统。阎锡山在分析军事形势之后,即兵分三路,抢占重要关口。他首先派出东路军四千余人,以姚以价为总司令,赵戴文为参谋长,乔煦为前敌司令,抢占娘子关;随后派出以张瑜为司令的北路军,取道代州,攻打雁门关和大同。接着,又派出刘汉卿、李大魁为正副司令的南路军,前往河东,经韩信岭、临汾等地,直达运城。军政府还派出得力人员进行外交活动,如派常樾等三人为议和专使,到北京与段祺瑞接头,以稳定清廷,暂缓出兵山西;派南桂馨前往陕西联络,希望晋陕两省连成一片,并争取陕西方面在必要时给予军事上的援助。为解决财政方面的困难和稳定军心,阎锡山派员前往祁县,向巨商筹借白银40万两,以解燃眉之急。对前清官吏,军政府采取劝降任用的做法。对于团结大多数人,调动各方面的积极因素起到了一定的作用。

山西光复,阎锡山出兵娘子关,清廷大为震动,任命第六镇统制吴禄贞为山西巡抚,率部赴石家庄,转进山西,镇压民军。吴曾留学日本,就读于士官学校,早年追随孙中山参加革命。此次进军山西,吴认为这是实现自己革命抱负的一个好机会。于是,派员至太原,与阎锡山协商联合问题,后亲自赶往娘子关与阎锡山会面。双方决定组织"燕晋联军",推吴禄贞为大都督兼总司令,阎锡山、张绍曾为副都督兼副总司令,温寿泉为联军参谋长,阻击袁世凯北上。

　　然而，吴、阎联合之事为袁世凯获悉。袁以 3 万重金对吴的部
将周符麟进行贿赂，到石家庄暗杀吴禄贞。周原为吴禄贞的旧部，
曾任第六镇第十二协统领，因故被吴撤职而怀恨在心，伺机报复。
周到石家庄后，用重金买通吴的卫队长马惠田。周、马私下约集军
官，以金钱、职位为诱饵，策动他们反吴。吴禄贞生性豪爽，疏于防
范，于 11 月 7 日被马惠田等人杀害。11 月 18 日，清廷任命段祺瑞
为第六镇统制，到石家庄收拾乱局。

　　阎锡山为防止清军进攻，命令晋军在井陉、雪花山一带布防。
12 月上旬，清军进攻山西民军，双方展开激战，互有伤亡。阎锡山
亲赴前线"抚慰军士"，"与军士共食"，以激励士气。终因势单力
孤，由娘子关败退。

　　娘子关失守后，阎锡山退回太原。此时山西全省上下十分混
乱，军政府面临严峻的考验。为稳定军心民心，军政府发布《告同
志书》，称"革命的工作是以小胜大，以寡胜众，我们看看历史，凡
革命的成功，没有不是经百败而后成功的，今日的失败，正是我们
全面发动义军蜂起的机会……我们的革命为的是救国救民，是时
代的要求。"阎锡山也发表了自己的看法和主张："我敢断定，此次
革命必然前仆后继，全国革命军必随各军民痛恨清廷之心理而蜂
起，最后之胜利，必属于人民。我们的同志，必须百折不回，发动全
省人民，奋斗到底。我主张分退南北，发动人民，再次合攻太原，胜
利必属我们。"随后，军政府召开了有各界代表参加的大会，通过
了放弃太原，分退晋南晋北的决定。南路军由副都督温寿泉率领，
北路军由都督阎锡山指挥。

　　10 月，沙俄驻华公使要求清政府承认外蒙古"独立"，遭到
拒绝。

12月1日,在沙俄的导演下,蒙古活佛哲布尊丹巴宣布"独立",称"大蒙古帝国",自称为"皇帝",并成立外蒙傀儡政府,以三音诺颜汗任"总理",杭达多尔济任"外交大臣"。

1912年　29岁

1月中旬,袁世凯任命的新任山西巡抚张锡銮到任。为消灭革命势力,清军分南北进攻山西民军,但民军仍控制着晋南、晋北的广大地区。此时,南北议和进入秘密谈判阶段,孙中山在内外压力之下,被迫同意清帝退位后迎袁世凯为大总统。

1月15日,山西巡抚张锡銮为缓和与民军之间的矛盾,派员北上请阎锡山返回太原,称"自都督北上,地面不是告警,维持秩序,非都督旋省,民亦思甚,与俯顺舆情,克日返斾。"

1月28日,中华民国临时大总统孙中山致电蒙古科尔沁亲王等,提出各族人民团结一心,防俄侵蒙。电文称:"俄人野心勃勃,乘机待发,蒙古情形,尤为艰险,非群策群力,奚以图存。夙仰贵王公等关怀时局,眷念桑梓,际此国势阽危,浮言四煽,西北秩序,端赖维持。祈将区区之意,通告蒙古同胞,戮力一心,共图大计,务坚忍以底成,忽悮会而偾事;并请速举代表来宁,参议政要,不胜厚望"。

2月7日,鉴于南北议和已成定局,阎锡山下令民军南返。

2月中旬,阎锡山率民军到达忻州。在这里成立军政府临时机关,为重返太原做积极准备。袁世凯对阎锡山南下心存疑虑,在袁看来,山西根本就不是起义省份,阎锡山不是起义的都督,若阎锡山重返太原,控制山西,将成为他的心腹之患。袁世凯电令阎锡山:"不准前进,听后指示,如违令擅动,即以军法从事。"孙中山对阎锡山颇有好感,多次致电袁世凯,要求承认山西为起义省份,并表示"如不承认山西为起义省份,即使南北和议破裂,在所不惜。"袁世凯不得不让步。他通过段祺瑞复电阎锡山:"已令山西巡抚张锡銮回京,望维持和平。"

3月15日,袁世凯委任阎锡山为山西都督。阎锡山立即发表《告全国电》接受都督之职:"今奉大总统令率军回省,睹此民凋物敝之形,乃卧薪尝胆之际,诸凡统一军权,保卫地方,一切建设事宜,在在均关紧要,自顾菲材,时虞陨越,所望桑梓俊人,海内英杰,勤攻吾短,匡予不逮,虽圮桥纳黄石之履,西向隆左车之座,其何敢辞。"

4月初,阎锡山返回太原。面对复杂的政治形势和百废待兴的烂摊子,阎锡山挑起了建设山西的重担。在军政建设上,将军令与军政分开,设立参谋司和军政司,由孔繁蔚和黄国梁分任司长。令设秘书厅,任命赵戴文为厅长。将山西军队整编为一个师,任命孔庚为师长,下辖两个旅。为培养军队的领导骨干,提高军队的战斗素质,成立了将校研究所,任命赵戴文为所长。民政方面,袁世凯任命周渤为民政长,管理民政事务。民政长以下,阎锡山任命了财政、司法、实业、内务等厅厅长。组织临时省议会。各方面的工作逐渐步入正轨。

10月11日,阎锡山为巩固边防,保卫山西,致电北京政府,要求每年秋天派兵在外蒙巡边,允许他派兵两个营防守晋蒙沿边。北京政府在复电中虽肯定他建议加强对边陲的巡防,但没有同意他派兵。

11月3日,沙俄与外蒙傀儡政权订立《俄蒙协约》和所附《商务专约》，规定沙俄在外蒙享有训练军队、控制外交、自由居留、免税贸易、增设领事、扩大领事裁判权、开设银行等种种特权，却不准中国军队进入外蒙，不许汉族向外蒙移居。阎锡山闻讯，认为"俄国乘我民国新建，力量未充，夺我主权，攫我领土，吾人断不能坐视我版图内之一部，不亡于前清专制之时，而亡于民国告成之日，无论外交折冲能否有效，均应以武力为其后援。否则侵略者将得陇望蜀，内蒙亦恐继入俄手"。故而在致袁世凯政府电中要求："准我亲率马兵一独立旅，步兵一混成旅，屯驻包头，相继进攻，万一事机决裂，即占领内蒙各盟旗，然后进窥库伦。"他强调："蒙疆系我完全领土，征伐自有主权，内蒙既固，则兵力财力胥为我有，俄虽狡猾，然为我国兵力所及之地，当亦无词以难。即或派兵暗助，亦属鞭长莫及。如此筹计，我既有最后之设备，彼亦将知难而退。"但袁世凯忙于应付南方的国民党人，而以此事涉及几国外交，应由政府密筹解决，对阎锡山之主张搁置不议。

1913 年　30 岁

3 月，袁世凯制造"宋案"，并向五国银行团借款 2500 万英镑。孙中山主张武力讨袁。而一部分国民党员和进步党人则主张在法律范围内解决"宋案"，承认大借款，只是要审查借款的用途。进步党名誉理事阎锡山即持此论调。

4 月，阎锡山致电进步党理事长黎元洪："值此财政困难，凡百待理，外债而无救急之方，但求其用途正大，容有磋商地步；划宋案于法律之内，勿任激起政治风波，庶政府免受违法之恶名，国民不至罹危亡之惨祸。"并多次致电黎元洪出面调停。

5月,阎锡山等北方将领通电攻击国民党,诋毁国民党人。通电中称"黄兴、李烈钧、胡汉民等,不惜名誉,不爱国家,谗言殄行,甘为戎首。始以宋案牵诬政府,继以借款冀逞阴谋"。污蔑他们"逞私图,推波助澜,妄耸簧鼓。极其用心所至,非借此淆惑观听,演出亡国恶剧,以沦陷我四万万同胞,不足以达其破坏之目的。"并声称:"自今以始,倘有不逞之徒,敢以谣言发难端,以奸谋破大局者,定当戮力同心,布告天下,愿与国民共弃之。"

同月,沙俄唆使外蒙军队分东西两路大举内犯,并与驻守大同的山西军队接仗。阎锡山闻讯,以"北门锁钥,关系重大",电请亲率一混成旅前赴战地,亲督迎战,但北京政府以"省防重要,坐镇不可无人"为辞,命令阎锡山派孔庚师长带队应援。

11月,袁世凯下令解散国民党,并取消参众两院国民党籍议员资格。阎锡山立即下令解散山西各地国民党党部,并发表声明退出国民党。

1914年　31岁

年初,阎锡山向袁世凯面陈防俄设想。他认为,"古称移民实边,今则非实边而多移民不可,有兵卫农,方能持久"。阎锡山提出在"内蒙一带,择定要塞,以为据点,实行屯田政策"。阎锡山还提出了一套《晋边屯田办法》:"于西盟乌兰捣包以及乌拉山、南大余、太狼山口、水泉子、三湖湾等地为屯田区域,拨兵一营,先行试办,按口授田,人各一项,使之自种自获。屯兵饷项,第一年给予全额;第二、第三年给予全额三分之二;第四、第五年给予全额三分之一;五年后,退为后备,概无饷给。临时召集,有事为兵,无事为农,是以三年饷额,即可得十五年之兵,用即是国家养一兵,可得五兵之用。"这个计划曾得到批准,但袁世凯怕阎锡山因此向绥远、蒙古等地扩展势力,而未让其实施。

6月,袁世凯授予阎锡山"同武将军"。阎引为殊荣,在原籍五台县河边村建门楼以资垂名。

1915年 32岁

8月,阎锡山致电"筹安会":"贵会讨论国家安危根本问题,卓识伟伦,无任纫佩。已遵嘱派代表崔廷献、南桂馨赴会讨论,乞赐接洽,时盼教言。"并拨出2万元,作为"筹安会"的活动经费。

9月3日,阎锡山致电袁世凯:"近自筹安会讨论君主国体问题,全国一致,极表赞同,公民请愿,望洽甚殷。诚以中国之情,决不宜沿用共和制度,非采取德日两国君主立宪法,不足以立国而救亡。""今日改定君主国体,正全国人民希望诞登彼岸之机会,其关系中国前途治安更巨且大。我大总统为四万万人所托命,以大有为之才,乘大有为之势,毅然以救国救民自任,无所用其谦让。"

9月16日,阎锡山再致劝进电:"审之国是,察之民情,考之历史之沿袭,方舆之博大,种族之繁庶,非大有为君,建设强有力之政府,施以统一之政治,励精图治数十年,不足以振国是而救危亡。""今者,公民请愿,如云斯集,朝野上下,一致赞同。书云:民之所欲,天必从之。古之所谓天与人归,今其时乎!如蒙毅然主张君宪,则长治久安之策,莫大于是……唯有恳乞钧院,审各省公民请愿书,迅予表决,救国救民,利赖实深。"

12月,袁世凯封阎锡山一等侯爵。

1916 年　33 岁

3 月，阎锡山致电黎元洪、徐世昌、段祺瑞："滇黔事起，日寻干戈，现在国势承积弱之余，强邻逼处，风雨飘摇，同室操戈，陆沉可忧。我大总统以国家为重，息事宁人，不惜颁令罪己，撤销原案，天下为公，人神共谅。诸公慨念时艰，联袂出山，力顾大局，以慰苍生，闻命之下，薄海同钦，陆将军既愿任劝告滇黔诸人，定当幡然悔悟，消弭战祸，不烦甲兵。至于保境辑民之责，锡山更当力为担任，用抒廑念也。"

1917 年　34 岁

春，黎元洪与段祺瑞之间因参战问题发生"府院之争"，阎锡山支持段祺瑞。段被免职后，亲段诸省纷纷宣布独立。阎锡山于 6 月 2 日致电王士珍，称"群情激奋，举国惶骇。皖、奉、豫、浙既宣告与中央脱离关系……大潮所趋，势不可遏。锡山为保卫人民计，当取一致行动。"次日，山西宣布独立，阎锡山驱逐亲黎的山西省长孙发绪，自兼省长。

护法运动期间，阎锡山继续支持段祺瑞，反对孙中山护法。7 月 28 日，阎锡山致电段祺瑞，称"旧国会之不良，为天下所公认，既已奉令解散，万无反汗之理，则恢复之说，断不可行……为今之计，自非依据约法，召集参议院，不克计日以成功，尤非依据约法，行使参议院之职权，另定制宪机关，修正国会组织法，不足以杜嚣凌而孚喁望。钧座远瞩遐瞻，智珠在握，伏冀鼎立主持，以定国是，不胜厚幸。"竭力主张召集临时参议会，选举新国会。

9月3日,重新上台的段祺瑞政府正式批准阎锡山兼任山西省长,集军政大权于一身。为安定社会秩序,发展经济,阎锡山先后行用民政治和村本政治。

用民政治的内容包括民德、民智和民财三项。阎锡山认为,民无德则为顽民,因此必须让民众加强信、实、进取、爱群的修养。民无智则为愚民,因此要推行国民职业和人才社会各项教育。民无财则为贫民,解决之道在开发农、工、矿、商四项。阎锡山推行用民政治的主要措施就是“六政三事”。六政是:水利、种树、蚕桑、禁烟、天足(不缠脚)、剪发(剪掉满清时代男人留的辫子);三事是:种棉、造林、畜牧。“六政三事”之中,水利、种树、蚕桑、种棉、畜牧是发展农牧业生产,而禁烟、天足和剪发,则是移风易俗。

村本政治包括四个内容:即整理村范,订立村禁约,组织息讼会,成立保卫团。

11月,直系将领范国璋、王汝贤在湖南通电主和,曹锟、王占元、陈光远、李纯联名通电支持。段祺瑞被迫辞职。阎锡山密电段祺瑞,称赞段“爱国家不言权利,久为天下所共信”,要段“仍以国家为重,勿遽引退,力图挽救”。他还致电冯国璋,指责范、王主和。

12月31日,阎锡山与曹锟、张怀芝、倪嗣冲、卢永祥、陈树藩、张敬尧等联名通电,反对恢复旧国会。

1920年　37岁

7月,直皖战争爆发后,阎锡山采取了两不得罪和坐山观虎斗的立场,他通令山西全省:“对于此次战事,决定严守中立,无论何方军队,决不许假道经过本省境界"。并提出了"三不二要":不入党派,不闻省外事,不为个人权利用兵;要服从政府命令,要保卫地方治安。

8月,山西驻京代表温寿泉密电阎锡山,报告直系有削夺阎山西省长职位的企图。电报称:"吾省间于两大,土厚民肥,人争羡慕。直派对于省长一职,尤为注意,闻有人以交还条件,为曹瑛运动甚力,近日又有主张王承斌之说……倘非早为设法,恐此席将为强有力者夺去,似宜亟由吾省选择有资望人员,电请中央任命,最为重要。"

当直皖战争之后,曹、吴气焰大涨,阎锡山自然也极力敷衍,例如吴佩孚高唱"法统重光",阎锡山也先后通电赞成恢复旧国会,迎黎复职。他还附和吴佩孚,电斥梁士诒出卖路权。曹锟搞贿选,山西也报销50万元巨款。阎锡山深知吴佩孚专横跋扈,断难相安共事,他不得不在各派军阀之间纵横捭阖来维持自己的存在。他说:"比年以来,中央政府之力量日绌,而非中央政府之力量,反日见膨胀,山西失却可靠之保障,时移势易,则非有自强自救不为攻者……方法安在?即一变其闭关自守之政策,而借重于国内之外交是也。简言之,即俗所谓'拉朋友'而已。国内力量失其重心,迫不得已,而讲求地方之互助。"

1922 年　39 岁

第一次直奉战争中,在双方对峙之时,冯玉祥连续致电阎锡山,要他出兵助直,阎锡山以"地方绅士之束缚,不克随兄后尘"为由,婉言拒绝。

1924 年　41 岁

第二次直奉战争前夕,直系、奉系和皖系纷纷派出人员,频繁出入于太原,争取阎锡山的支持。阎锡山不仅经常召集赵戴文、杨爱源、周玳等,组成一个专门班子,商讨对策,还向奉、皖和直系派出联络代表,以便摸清各方的实力。第二次直奉战争开始后,阎锡山还派人到前线直接了解情况。对三方驻太原的代表保持敷衍应付的态度,没有明确的倾向性。

得知冯玉祥发动北京政变后,阎锡山立刻召开团长以上的军官会议,阎在会议上宣称:"山西一贯是主张保境安民的,这一次战事,不管谁胜谁败,为了防止败军窜扰,决定加强娘子关的防御。"会议决定派第二师师长孔繁蔚率四个旅,即日向娘子关开拔。

得知吴佩孚已败退至天津,并电令河南、湖北、江苏的直系军队星夜北上增援,能否切断京汉线交通至关重要。阎锡山明确宣布:"现在咱们可要正式出兵了。河南冠英杰有五万大军,还有湖北肖耀南的队伍,我们如果不把石家庄卡住,听任他们长驱北上,吴子玉还很可能转败为胜。"

11 月 1 日,晋军出兵石家庄,切断了京汉线,成为导致直系彻底溃败的一个重要因素。

北京政变后,阎锡山与察哈尔都统张锡元、绥远都统马福祥致电段祺瑞,支持段复出。段希望阎能进一步联络察哈尔、绥远、陕西、河南、新疆、甘肃、湖北力量,以增强他的发言权。在阎锡山的联络下,晋、陕、甘三省率先成立联防同盟,订立联防办法 8 条。

国民党人也对阎锡山寄予很大的希望。11 月 10 日,张继致函阎锡山,劝阎"除表示拥段外,更做远大之谋,与国民军切实合作,以立不朽之业。"

12月7日,阎锡山派省署秘书长王宪北上,作为他欢迎孙中山的代表。王宪到天津后,与汪精卫、孙科、张继等人进行接触,汪精卫等"深愿山西对中山有正式之表示,或尽力赞助中山之主张"。因此,阎锡山没有出席段祺瑞召开的善后会议,并建议段祺瑞"有与中山联合之必要"。

1926年 43岁

年初,吴佩孚、冯玉祥、张作霖的代表纷纷出入太原,都企图争取阎锡山的支持。这一时期,阎锡山与冯玉祥的关系最为微妙。北京政变后,冯玉祥的国民军占据京津地区及察绥一带。冯在察绥的驻军与山西雁北十三县犬牙交错,无疑成为阎锡山的心腹大患。但阎锡山深知其中的利害关系,决不轻易挑起冲突。冯的代表张吉士分析当时的形势,竭力动员阎与国民军合作。张分析说:"奉张因为郭松龄倒戈、李景林携贰,若不是日本人替他撑腰,不许郭松龄通过南满铁路,早已一败涂地。现在奉张虽然还能苟延残喘,可是元气大伤,最近这个时期只能在关外休息整顿,绝不敢再问鼎中原了。吴佩孚在湖北,和萧耀南同床异梦,他的精锐部队在上次战役中早已损失净尽,现在都是拼起来的杂牌军队,作战能力当然不是当年可比。"阎锡山不动声色,只是说"焕章一切新政,都是实获我心,很好。"对于双方是否合作,则不明确表态。

吴佩孚的代表顾祥麟对阎锡山说:"玉帅愿与百帅尽弃前嫌,仍旧修好。玉帅到湖北后,对内部大加整理,现在实力不仅恢复,而且胜过以前。不过,玉帅对冯玉祥倒他的戈,一直耿耿于心。而且最近冯的措施,非常乖谬,口口声声救国救民,实际上不仅勾结广东的民党,而且和苏俄秘密联络,意图赤化全国。东北的张雨亭也因为冯的倒行逆施,极为痛恨,愿意和玉帅携手,大张挞伐。"阎锡山表示:"冯军不只是玉帅的敌人,也是山西的敌人。玉帅如果发动义师,我们虽然力量有限,也理应竭力协助。"

阎锡山还向张作霖的代表于国翰保证:"雨帅与玉帅在中原会师的时候,我一定追随。"

3月,冯玉祥致电阎锡山,奉劝其不要与吴佩孚合作。而此时阎锡山已与奉、直共同议定了消灭国民军的作战计划:直军和奉军分别由京汉、京奉线进军,直攻京津;晋军从大同方向出击察绥一带的国民军。在直、奉和阎锡山的联合进攻下,冯玉祥的国民军被迫退往西北地区,冯部徐永昌、韩复榘、石友三等为阎锡山收编。阎锡山势力进入绥远,晋军也扩编为晋绥军。

10月,北伐军攻克武昌。

11月,张作霖、张宗昌、孙传芳等在天津举行会议,公推张作霖为联军总司令,吴佩孚、张宗昌、孙传芳、阎锡山为副总司令。阎锡山一面极力敷衍张作霖,一面迅速派赵戴文到广州,与南方的国民党人联系。

1927 年　44 岁

1月底,蒋介石提请广州国民政府任命阎锡山为国民革命军北路军总司令。

2月5日,冯玉祥致电阎锡山:"此间现已集结大部兵力,即日出兵,宁夏部队,业已均开至平凉一带,准备继续出动,并望吾弟从速发动,协力歼敌,俾早完成国民革命工作,不胜盼祷之至"。7日,冯玉祥再次电阎:"务请我弟早日誓师,兄当即率30万武装同志,全听指挥,革命一篑之功,在此一举,万勿稍纵时机,使彼长蛇封豕,徒为朔方横噬之忧"。

3月中旬,阎锡山派南桂馨、崔文征与冯玉祥建立国晋联合办事处。

6月,阎锡山改换青天白日旗,晋绥军改称国民革命军北方军。

9月中旬,冯玉祥派员至太原,双方商定协同作战大纲,规定"京汉、京绥两路军事,均归阎总司令所部担任,玉祥所部担任向徐州、济宁、德州进攻"。

10月1日,阎锡山正式誓师讨奉。晋绥军分左右两路向奉军发动进攻。右路由徐永昌、杨爱源、孙楚指挥,进攻石家庄、新乐,左路由商震、张荫梧指挥,沿京绥线两侧前进。另以傅作义、李服膺部由蔚县出发,向北京的南北两侧袭击。

12月11日,阎锡山、冯玉祥联名致电南京国民党中央党部和国民政府,请求重新起用蒋介石。电文说,在北洋军阀"纠合残众,顽强抗拒,革命前途,危险孔多"之时,"对于革命军事,苟乏效忠党国,智勇兼优之人统一指挥,号令不专,成功难期,锡山等为完成国民革命军事工作起见,拟请我中央党部,国民政府,起任蒋中正同志,主持军政,锡山等愿听指挥,俾早奏肤功,完成革命,以慰全国民众之望,不胜待命之至"。同日,阎锡山、冯玉祥联名致电蒋介石,表示:"所望我兄东山再起,主持军政,俾得早日完成革命大业,倘能得如所请,弟等当负弩前驱,愿听指挥,不唯弟等私愿,大局实利赖之。"

1928 年　45 岁

1 月,蒋介石复出。

2 月,蒋、冯、阎、桂所部分别改编为第一至第四集团军。

3 月,国民党继续北伐,阎锡山所部相继占领平山、石家庄、保定等地。

5 月,阎锡山与蒋介石在石家庄会面,商讨战后北方地区善后处理问题,他乘机挑拨蒋、冯关系。他见蒋在言语中对冯流露出不满,便故意对他说:"请你翻开历史看看,哪个人没有吃过冯的亏?"经过仔细权衡,蒋介石决定把河北及平、津两市的地盘都划归阎锡山,由阎兼任平津卫戍总司令。

6 月 8 日,阎部进占北京。阎锡山被任命为平津卫戍总司令,张荫梧为北平卫戍司令,傅作义为天津警备司令。此外,商震任河北省政府主席,赵戴文任察哈尔都统,徐永昌任绥远都统。阎锡山的势力范围扩张至晋、冀、察、绥四省及平、津二市。

7 月 6 日,阎锡山与蒋介石、冯玉祥、李宗仁等在北平西山碧云寺开会,商讨军事善后问题,计划改编全国军队。当蒋介石提出编遣军队的具体问题时,会场气氛顿时紧张起来。蒋介石提议成立"编遣委员会",并当场邀请阎锡山、冯玉祥、李宗仁、白崇禧同他一起去南京,召开编遣会议。冯玉祥、李宗仁等因所占地盘太少,早已心怀不满,纷纷提出质问,唯独阎锡山低头一言不发,对蒋的意见表现出唯唯诺诺的恭顺态度。他明白,眼下不如让冯、李出面抵抗,自己坐山观虎斗。出于这一考虑,阎锡山决计暂不南下。

　　7月底,蒋、冯、李等相继离开北平。冯玉祥在临行前坚邀阎锡山一同南行以壮声势,阎锡山则借口处理平津事务需留几天。冯玉祥南行途中仍不断用电话促阎锡山南下,在得知阎的专车确已离平后才放心南去。但阎的专车在进入河南后不久,即掉头返回石家庄转开太原。此后,阎锡山借口"侍奉父疾"逗留在山西数月之久。在这期间,蒋、冯、李各方为准备编遣会议吵得难解难分,三方都急于请阎来南京转圜局面,各方函电交驰,阎却忸怩作态,迟迟不肯起身,直到12月中旬,他才抵达南京。

　　当天晚上,阎锡山即派人四处活动,探听会上各方面意见争执情形。蒋介石委派何应钦拜访阎锡山,以求得支持。阎锡山根据自己的需要与蒋的用意,拟定了一份新提案,即:第一、第二集团军各编 10 个师;第三、四集团军各编 8 个师;其他非正规军队各编6—8 个师;其余 6—8 个师由"中央"处理。这最后一点明显是向蒋送上了一份"厚礼"。

1929 年　46 岁

　　1 月 1 日,"全国编遣会议"在南京正式开幕,蒋政权诸要员以及冯、阎、桂系三方大员都出席了会议。多数人同意阎的方案,冯案遭到否决。

　　在以后的几天会议上,冯玉祥托病拒绝出席,而其部属则时常同蒋介石当面发生争吵,阎锡山不断地"插科打诨"两面调解。蒋介石多次邀请阎锡山共进晚餐,两人进行了长时间商谈,阎锡山受蒋的委托前往冯的寓所"探病",委劝冯玉祥让步以"维持体面"。

　　1 月 25 日,"编遣会议"无法继续进行下去,宣告结束。不久,蒋介石撕破脸皮,与桂系和冯玉祥兵戎相见。结果,李宗仁、白崇禧战败逃往香港,冯玉祥在内外夹击之下退入潼关自保。退居山西的阎锡山眼看自己就要成为蒋介石的下一个目标,但又感到自己实力不足,无法与蒋抗衡。为赢得蒋的好感,逃脱厄运,阎以出面调停为名,致电冯玉祥,劝其下野出国,并表示自己也愿意随同下野,以此向蒋介石表明他并无异心。

6月24日,阎锡山与冯玉祥在山西介休见面。

阎锡山对冯的到来十分高兴,隆重接待。起先为其在晋祠安排了住所,后来又转移到五台县建安村,并派重兵加以"保护"。他在与冯会面时虚情假意地与之敷衍一番,谈谈"出国准备",说说"反蒋计划",但一转眼即背着冯玉祥独自跑到北平,以南京政府加封的"西北宣慰使"身份与先期到达的蒋介石会面,"商讨西北善后问题"。阎锡山此刻心中十分得意,因为冯玉祥已落入他手中。冯及整个西北军已成为他要挟南京的重要资本。果然,蒋介石表示只允许冯一人下野出国,坚留阎锡山"继续负责"。

冯玉祥被软禁以后,在化妆出逃及强行夺路均遭到失败以后,令其部将鹿钟麟、宋哲元等设法联合已经归附蒋介石的韩复榘、石友三部,甚至不惜与南京方面修好,对付阎锡山。阎锡山意识到冯的实力尚在,不可过于妄动,于是,便在中秋之夜赶往冯的住地,表示愿与之和好之意,并提议由西北军首先发动反蒋战争,而后自己随之起兵响应。他的这一表示得到了冯的谅解。

10月10日,宋哲元、孙良诚等率西北军举起拥护冯、阎的大旗出兵潼关讨蒋。28日,阎锡山反而宣誓就任南京政府所任命陆海空军副司令一职。面对如此局面,西北军内讧不支,退回关内。

不久,占据北平的唐生智又率部讨蒋,想争取阎的支持。他吸取冯的教训,要求阎锡山代拟讨蒋通电以坚盟信,阎氏答应了他的要求。但是由于唐生智没有处处唯阎锡山的马首是瞻,阎锡山最后竟出兵相助蒋夹击唐部,使之彻底失败。

讨唐战役之后,阎的势力迅速膨胀,占有晋、察、冀、绥和平、津六省市的广大地区,拥有 20 万兵力,他的存在严重威胁着南京政权。

1930 年　47 岁

初春,蒋介石集中兵力准备再次进攻冯玉祥,阎锡山认为联合西北军倒蒋的时机已到。2 月 10 日,阎锡山致电蒋介石。宣称"戡乱不如止乱,不止乱而一味戡乱,国内纷乱将无已时。"他以"礼让为国"为名请蒋"下野"。

阎锡山决定反蒋后,前往建安村向冯玉祥赔罪,表示过去的一切都是他的过错,从此将与冯玉祥坚决合作共同讨蒋。而后又亲陪冯回到太原,与各方代表具体商讨了讨蒋组织的建立和作战方略。会后,阎锡山"恳请"冯玉祥立即回陕指挥西北军。临行前一日,阎锡山对冯玉祥说:"大哥来到山西,我没有马上发动反蒋,使大哥受些委屈。这是我第一件对不起大哥的地方。后来宋哲元出兵讨蒋,我没有迅速出兵响应,使西北军受到损失,这是我第二件对不起大哥的地方。现在我们商定联合倒蒋,大哥马上就要回到潼关发动军队。如果大哥对我仍不谅解,我就在大哥面前自裁以明心迹。大哥回去后,若带兵来打我的话我决不还击一弹。从今以后,晋军吃什么、穿什么、用什么,大哥的军队也吃什么、穿什么、用什么,一律待遇,决不歧视。"他赠给冯现款 50 万元、手提机枪

200 挺、面粉 2000 袋做送别礼。

3月14日，阎、冯以及鹿钟麟、商震、张发奎、黄绍竑等57人联名发出讨蒋通电，并推举阎锡山为中华民国陆海空军总司令，冯玉祥、李宗仁、张学良为副总司令。21日，阎、冯公开宣布讨伐蒋介石。

4月1日，阎锡山、冯玉祥分别在太原及潼关宣誓就职，宣布出兵，同时决定在北平成立军政府。规模空前的中原大战自此开始。

阎锡山设总司令部于石家庄，令李宗仁为第一方面军总司令，率桂军自衡阳出兵湖南，进攻武汉；以鹿钟麟为第二方面军总司令，率西北军由河南分向平汉路、陇海路进攻；他自己兼第三方面军总司令，率部由济宁会攻济南。

4月5日，南京政府下令免去阎锡山本兼各职"严拿归案"。国民党中常会决议将阎"永远开除党籍"。

5月1日，阎锡山赶赴河南新乡与冯玉祥见面，并一同到达郑州召集军事会议。他们认为当前政治军事形势十分有利，对合作倒蒋充满信心。次日，阎锡山在郑州碧沙岗烈士祠主持制定作战方略，决定以徐州、武汉为第一期作战目标，首先在陇海路豫东方面、平汉路豫南方面采取防御攻势，在津浦路鲁北方面采取出击攻势。

5月11日，蒋军下达了总攻击令。

在津浦线上，阎锡山命傅作义为行营主任，代替自己指挥作战，可他又不放心，另委张荫梧为总指挥，使两人互相牵制，造成晋军指挥权不能统一。

7月13日，各反蒋政治派别的代表与政客在北平召开中国国民党中央党部扩大会议,发表了《扩大会议宣言》。会议决定由汪赴北平筹组以阎锡山为首的新的"国民政府",并推举阎锡山、汪精卫、冯玉祥、李宗仁、张学良、唐绍仪、谢持 7 人为"国府委员",以阎锡山为主席。

9 月 9 日上午 9 时,在北平怀仁堂举行了"国民政府主席"就职典礼,宣布"北平国民政府"正式成立。

9 月 18 日,东北张学良通电入关,"吁请各方即日罢兵,静候中央措置。"表示拥护南京政府。

9 月 19 日,北平"扩大会议"决定将阎记"国民政府"迁往太原,匆匆忙忙制定了一部《约法草案》借以收场,倒蒋运动就此结束。

10 月 4 日,阎、汪密往郑州会见冯玉祥,商讨善后方法。汪精卫提议利用现有力量最后退往大西北,反蒋到底,冯玉祥表示同意,并主张立即在黄河北岸建立稳固防线。而阎锡山却不赞成,他说:"这是国是之争。我们在军事上虽已失败,但是在政治上蒋介石既已承认错误,也就是我们取得了胜利,况且,中国是整个的,如果弄成华北、华南两个中国,我们就成了历史上的罪人。"

10 月 5 日,阎、冯联名致电张学良,表示愿意"和平解决"。

中原大战失败后,阎锡山托词"奉父命侍疾"下野,回到五台县河边村老家躲避风头,寻机以金蝉脱壳之计自保,以图东山再起。

阎锡山以为自己躲回原籍家居便可取得蒋的谅解,然而,蒋介石一方面派遣飞机轰炸太原,向其施加压力,另一方面又指使何应钦、孔祥熙等连电阎锡山,坚持"伯公不出洋无以谈善后"的条件,压迫阎锡山出洋,断其复起之念。面对蒋介石的高压政策,阎锡山不敢硬顶,便使用虚晃一枪之计来对付。他决定先潜往天津再转去东北,依附日本帝国主义的势力。他放风出来说将赴苏联,特派人北上五原察看去苏联的道路,而暗地里却早遣心腹赴天津与汪精卫联系,探听沿途安全状况,并详细部署了离晋后的一切事务安排。

11 月 29 日,阎锡山电告蒋介石赴苏行期,他提前两天打扮成山西老商人模样,身着黑缎布褂,脚穿棉鞋布袜,由河边村出发北上大同,然后沿平绥路东行,经丰台转往天津。到达天津后,按照预定计划,阎锡山开始通过各种关系与日方接洽,寻求庇护之途。

12 月 22 日凌晨,阎锡山乘车至法租界码头,在租界巡捕的严密保护下登上了日本大阪商船会社客轮"武昌丸"号。临启行前,日本船长前来探望,阎欲否认自己的身份,对方却说:"你不必否认,你们买船票时我们就知道的。请你放心,你的安全我们要负责任的,绝对不会发生什么问题。"拂晓 4 时,船离天津。阎锡山在船上手书致《大公报》记者一信:"大公报先生鉴:鄙人此次过津,厚承中外各界诸先生,不克延晤至为抱歉。现因下野之初,闭门谢客,当荷原谅。兹已定于本日离津,经大连东渡,续游欧美。阎自向行能无状,何幸获得闲暇,身亲两洋文化。专此奉上。顺颂撰祺。"

阎锡山摆脱了蒋介石的胁迫,抵达大连,开始了"隐居"生活。在这期间,他一方面密切关注山西的情况,准备利用一切关系,进行重返山西的努力,另一方面,无事之余又进行他的所谓"理论研究"。他召集随行的文人协助他进行"专门学说的探讨",把他的所谓"哲学思想"以及政治、经济统治方法加以"系统化"、"理论化",为其日后恢复统治进行理论准备。

阎锡山从他政治生涯中"悟"出一个道理,形成了所谓"中的哲学"。他认为凡事都应"适中求对",不偏不倚。他在太原阎公馆一进大门初挂有一个很大的木匾,上书"适中求对"四个字,以为座右铭,这是他在动乱的政局中保持一方的独裁统治,在夹缝中求生存的深刻总结。

阎锡山在留居大连期间,还进行了频繁的政治活动。他在这一时期的政治活动主要分为以下三个方面。一是遥控山西政局,操纵晋军整编。军队是阎锡山的命根子,阎锡山担心离晋时久军队离心,使他失去依靠,因此他经常派其亲信副官刘升化妆潜回太原,仔细了解各军、师长思想与行动状况,向徐永昌等转达他的指示。二是继续开展反蒋活动。阎锡山连续以大量金钱资助潜居在上海的汪精卫,以护党为名继续开展政治反蒋活动,他还与桂系李宗仁派驻在大连的代表潘宜之具体商讨过在军事上重新倒蒋的可能。三是阎锡山十分谨慎地与日本帝国主义进行接触,试探能否在反蒋政治目标上取得一致,以争取日方对其资助与支持。

1931 年　48 岁

春,在日本人指使下,亲日分子赵欣伯由沈阳专赴大连访阎,赵公开表示此行的目的是为了"拯救"在张学良统治下"水深火热"的东北人民而请阎锡山"出山","以其治晋之方救之东北",他还露骨的说:"此为东北人之希望,亦为关东军之意见"。阎锡山认为日本人要挟他做东北傀儡将会送了他的命,于是决计回避,但他又不想得罪日本人,思索再三,派人赶到赵的寓所向赵解释了阎不能亲自会见的苦衷,得到了对方的"谅解"。从此,日、阎之间便一直保持着密切的往来与合作关系。其中最主要的一件事便是1931 年夏双方曾拟定过一份联合反奉作战计划。

夏，阎锡山在张学良开始整编石友三部时，即勾结日军联合石友三、韩复榘，四方秘密商定了讨张行动计划。由石友三从平汉线北攻，韩部出山东北上，晋军及宋哲元部自山西出兵，日本人则进军东北抄其后路，共同打击张学良。

8 月间，阎锡山得悉确切消息：日本人将在东北"有所行动"，便立即决定离开大连重返山西。他向日本方面求助，答应了回山西后继续发动反蒋内战条件，出了三四万美金的高价，包租了日本一架仅乘四五人的小飞机，由一名日军少校驾驶飞返山西。

阎锡山潜返山西后，国民党山西省党部头目苗培成，即将此消息电告南京。蒋介石闻讯十分恼怒，立即命令何应钦、孔祥熙等连电阎锡山，以采取严厉措施相威胁促其离晋。张学良、韩复榘以及蒋系各将领也纷纷通电逐阎。但阎锡山满不在乎，坐等时局变化。

12 月，山西全省学生抗日联合救国会举行抗日救亡示威大游行，向山西省当局请愿，要求取消一切阻挠和压制人民抗日的反动法令，允许组织抗日救亡团体。12 月 17 日，山西省学联召开会议，与会者一致认为蒋记的国民党山西省党部是阻挠山西爱国运动祸首，必须向省党部发去大示威。18 日下午，学生列队向国民党山西省党部进发，当学生代表进入省党部时，省党部"义勇军"经向学生开枪，一名学生中弹身亡，数人受伤，造成震动山西乃至全国的"一二·一八"事件。

"一二·一八"事件后，阎锡山躲在河边村，精心策划如何利用这一事件达到自己的目的。他事前曾授意山西清乡督办公署主任杨爱源，对学生的举动不加干涉，进而又一举将省党部人员全部囚禁。阎锡山利用"一二·一八"事件达到了排挤国民党山西省党部,清除蒋介石在晋势力的目的,阎氏又极力向南京政府献媚,笼络宁方要员,为自己重新出山活动。他特派赵丕廉赴南京,与行政院长汪精卫联系,请其出面为自己说项;又派徐永昌赴北平,通过郑毓秀的关系向宋美龄进贡,托其向蒋介石说情。通过这一连串的活动,使蒋介石对阎锡山的态度逐渐有了转变。为了集中力量"安内攘外",蒋介石不得不表示"捐弃前嫌,团结御侮",他终于接受了汪精卫的提议,同意委任阎为太原绥靖公署主任。

1932 年　49 岁

2 月 27 日,阎锡山从河边村重返太原,举行了就职典礼。阎锡山在典礼上发表了演讲,声称:"国难当前,承中央各同志之敦促,晋绥父老及各界之催迫,不得不勉力负此晋绥绥靖之责,为国家尽一部分责任、为地方谋长期间之安宁。"

4 月间,阎锡山自任"山西省政设计委员会"委员长,主持制定了一套"山西省政十年建设计划"。这份计划总体分为三篇。第一篇为《总则》,第二篇为《省建设之部》,内分"政治建设"、"经济建设"、"省政建设研究院"、"附则"四章。第三篇为《县村建设之部》,并附有专案四十余件。

5 月,在包头成立了"晋绥兵垦试办处",集中晋绥军编余官兵及作战被俘后离职人员,组成"屯垦部队",一共组织了 31 个屯垦队,开赴河套,占据肥沃土地 1200 余顷,大规模种植鸦片。并由"屯垦办事处"廉价收购附近农民生产之鸦片,全部晒成"烟板"转运太原。为了推销这些鸦片,阎锡山借口要为同蒲铁路筹款,宣布

"官卖鸦片"。"禁烟考核处"具体负责将"烟板"制成饼状,称之为"戒烟药饼",配卖给"烟民"食用。

10月,阎锡山下令太原绥靖公署,设立晋绥兵工筑路局负责筹备事宜,有他亲自担任晋绥兵工筑路总指挥部总指挥。阎锡山仔细考虑了当时各方条件,经过多种比较决定将同蒲铁路修成宽轨的路基与窄轨的钢轨轨距的形式,并授意写成《山西修筑窄轻轨铁路理由》一书,以经济力量不足为借口搪塞南京铁道部的质询,他私下说:"我们现在的力量不足,可以先修成窄轨,窄轨也有窄轨的好处,有了事情,外面的火车进不来,30年以后我们有了钱,再换宽轨就不是个什么困难问题了。"同蒲铁路主线长850余公里,由南、北工程局负责分头施工,筑路工程主要由工兵担任。参加施工的部队计有第66、69、71、72师及正太护路军等共约3万余人。

1933年　50岁

春,阎锡山效仿孔祥熙的祥记公司开设了经营油类生意的营记公司,代理美孚、德士古两家外国油行推销业务。后因两家公司对代理销售事宜并不热心,公司收效不大。

10月,阎锡山在五台河边村召集五台、忻县、定襄等县县长、区长及附近各村村长开会,商讨改革方法,议定改变县银号经营方式,由各县委托县内一家殷实商号代理县银号业务。

11月,阎锡山召开了两次"发行信用合作券"会议,决定扩大"信用合作社"的规模,在各县推广普及。

1934 年　51 岁

9 月,蒋介石为了增加对陕北红军的"围剿"力量,特地从江西南昌行辕跑到太原与阎锡山见面。蒋介石希望阎锡山同意派遣晋军去陕北,帮助高桂滋、井岳秀"围剿"红军刘志丹,而阎则希望借机向蒋要钱要武器装备晋军,双方一拍即合,很快达成了协议。随后,在阎锡山的陪同下,蒋介石来到河边村。阎书堂率领家人急急出门迎接,蒋介石毕恭毕敬地站在阎父的面前,脱下礼帽,口称老伯,并一连行了三个鞠躬礼。阎书堂对蒋介石说:"锡山不肖,请委员长多加指教。"蒋介石忙说:"哪里,哪里!"

12 月,阎书堂因患脑溢血死去,蒋介石下令拨放治丧费 10 万元,并派何应钦为代表到河边村致祭,蒋氏还亲书挽联一副吹捧他"德昭颜训,勋业付儿曹,多士讴歌思元老;数备箕畴,声明垂党国,吾公福命是神仙。"

1935 年　52 岁

夏,随着陕北苏区与红军的影响逐步扩大,山西沿黄河东岸地区人民革命斗争活跃起来。阎锡山感到了共产党力量对他的威胁。他双管齐下,一方面派遣军队西渡黄河,配合中央军"围剿"陕北苏区,另一方面在省内大搞反共活动,建立防共组织,开展防共"训练"。

冬,阎锡山奉蒋介石之命配合东北军向陕北发动"夹击"。他派遣"正太护路军"司令孙楚以"陕北剿匪前敌总指挥"的名义,指挥孟宪吉、陶振武、方克猷、陈长捷、马延守等五个旅的兵力,渡过黄河,向南进攻红军。

在出兵陕北的同时,阎锡山又在山西内部加紧黄河一线防务,并召集从河曲到永济沿河21县县长开会,成立"防共委员会议",组织"防共保卫团"。阎锡山以为"剿共"必须"三分军事七分政治",而"防共"则更应是"一分军事九分政治",要强迫大多数民众都加入他的"防共"准备。

12月,南京政府公布实行"法币制度",限制各省地方当局发行纸币。12月底,阎氏召集贾俊臣、郝星三等人到河边村,具体商讨对付法币的办法,提出了一个成立"实物准备库"的新对策,即在法币入晋前大量贮存货物,作为省币之后备,支持其不致被法币挤垮。阎锡山亲自兼任准备库"督理"之职,并于全省各主要城镇及同蒲路沿线设立了许多分库。阎锡山规定"人民拿值一元的货物到准备库里可以换的一元省钞,库中收了若干货才发出若干钞票去,有一元的省钞发出,库中就有一元的货做准备。"当人民需要从库中买货时,"卖货的价格,按成本加20%到35%的手续费。"

1936年　53岁

2月17日,陕北红军渡河东征。20日夜,红军由距中阳县三高镇20余里的王家坪渡口以羊皮筏子强渡黄河。阎锡山闻讯,立即召开河防会议,商讨阻止红军入晋办法。阎锡山决定将晋军集中于汾阳、离石、孝义、中阳山地,实行所谓"口袋阵"战术。阎氏解释说:"咱们有优势的火炮兵和大量的手榴弹,在山岳地带作战更是相得益彰,而红军缺乏此种武器,咱们对他作战可操胜券。"他决定任命杨爱源为作战总指挥,下辖四个纵队共七个师。杨将总部设在孝义城,指挥抗击红军。

阎锡山预感到红军力量之大绝非他一人所能抗拒。万一抵挡不住,让红军攻下太原,后果不堪设想。为了死里求生,不得不致电蒋介石,请求中央军入晋增援。蒋介石接到阎的电报,立即任命陈诚为"陕甘宁青四省剿匪总指挥",率领汤恩伯、李仙洲、孔令恂等中央军部队以及空军轰炸机10余架,经陇海路、同蒲路北上增援。又另派三十二军商震部由正太路开赴晋中,担任守卫太原之责。号称"十五万中央大军入晋作战"。

初春,阎锡山将其所办的"青年救国团"、"建设救国社"等大小团体统一合并,组成了"自强救国同志会",由他任会长,赵戴文为副会长,以梁化之为总干事。"自强救国同志会"内部设立了青年、工人、民众、妇女、商人等5个委员会。各委员会都以招募千名会员为目标开展工作。其中如工人委员会、青年委员会中都有左翼人士或进步青年参加其领导工作。

4月,正当阎锡山的反共战争接近尾声之时,已与中国共产党达成西北抗日联盟的"陕北剿共副总司令"张学良,亲自驾驶飞机抵达太原,与阎锡山会晤。张为争取阎对联共的支持,向他详细介绍了自己4月初与周恩来在延安会面的情况及东北军与红军之间达成的互不侵犯协定,说明了中国共产党的抗日民族统一战线政策和红军出兵山西的本意。

5月5日,红军革命军事委员会发表《停战议和一致抗日通电》,说明为了民族大义及保存抗日力量而撤兵,"实行停战议和,以达到停战抗日的目的"。

阎锡山与蒋介石派遣飞机日夜追踪红军回师部队,轰炸黄河沿岸各渡口。蒋、阎军甚至企图"围歼"红军于山西境内。红军在隰县回师痛击关麟征、汤恩伯的追击部队,而后从永和县境内几处渡口过黄河返回陕北。

在红军入晋期间,阎锡山一面抵抗,一面在全省宣布"戒严",实行恐怖政治。各县奉令捕杀一切有外省标记的人。阎锡山规定,凡捕杀共产党一人者,赏洋100元。于是,那些系有红腰带、带有红线、红补丁、形状不同的纽扣或一两枚外省硬币者皆被捕杀。在太原城内,人人都必须取保领取身份证佩戴胸前,无证者即有生命之虞。

5月27日,张学良偕杨虎城再次赴太原,与阎具体商谈联合抗日计划。中共中央领导人也于5月间托人向阎锡山表达了愿意联合抗日之意。阎锡山审时度势,下决心与中国共产党谈判。他请中共派代表到太原会谈。不久,中共中央派遣彭雪枫、周小舟会见阎锡山,向阎具体阐明了中国共产党建立抗日民族统一战线的主张。

6月,杨虎城派代表到山西,正式表示与阎锡山联合逼蒋抗日。阎锡山表示同意张、杨主张,但又说在具体做法上尚需"从长计议"。

9月初,阎锡山派郭挺一去北平,邀请中共党员薄一波去太原"共策保晋大业",以此向中共方面表示他和解的诚意。针对阎锡山态度的转变,中共中央和北方局及时指示薄一波等同志入晋,开展统战工作。

9月18日,山西省成立抗日民族统一战线性质的群众组织——牺牲救国同盟会(简称"牺盟会")。

10月,阎锡山借赴洛阳给蒋介石祝寿之机,先飞西安,与张学良、杨虎城彻夜长谈,并与张学良一同赶赴洛阳。按照事先的约定,阎锡山与张学良试着劝蒋介石改变内战政策,联共抗日。阎、张反复说明此事事关国家民族的前途,请蒋予以慎重考虑,却遭到蒋介石的严厉呵斥。

12月12日,西安事变爆发。消息传到太原,阎锡山极感震惊,一时拿不定主意。张学良为争取地方实力派的支持,特电阎锡山,催阎表态:"西安十二日之变,数电报告,谅已均悉……我公有何见教,盼赐复。"与此同时,南京政府行政院院长孔祥熙也急电阎锡山,在托付阎锡山以"营救全权"的同时,希望阎运用旧日关系,对张学良和杨虎城"责以大义,动以私情",使其"悬崖勒马,共济难危"。阎锡山反复权衡利弊,从"自存"、"自利"的立场出发,决定对西安事变持谨慎保留之态度。

12月14日,阎锡山复电张学良,表示不赞成张、杨之举:"来电均诵悉。环读再三,惊痛无似。弟有四个问题质诸兄等。第一,兄等将何以善后?第二,兄等此举增加抗战力量乎?第三,移内战为对外战争乎?抑移对外战争为内战乎?第四,兄等能保不演成国内极端残杀乎?前在洛阳时,汉兄曾泣弟而道以介公有救国之决心。今兄等是否以救国之热心成为危国之行为乎?记曾劝汉兄云:'今日国家危险极矣,不洽之争论且不利国家,今兄等行此断然之行为,增加国人之忧虑,弟为国家、为民族、为兄等动无限之悲痛。请兄等亮察,善自为之。'"

12月18日,阎锡山命周玳赶赴南京面见孔祥熙,说明他想通过各方疏通关系,暂时把蒋介石接到太原。阎锡山同时还连电南京政府,表示已通过张学良派往太原的代表向张学良表达了他的代表与蒋介石单独见面的请求。南京方面经过紧急磋商,决定答应阎的要求,委以"处理全权",并派黄绍竑等为代表赴太原担任联络。

12 月 21 日,阎锡山在绥署省府扩大纪念周会议上发表讲话称:"我们应该充分认识此次事变是我国家民族目下的大不幸。并且伏下民族将来自相残杀的大危机","我很怕造成对抗日战线互相残杀,把国家变成西班牙第二,使国家沦为万劫不复之地,尤其晋绥感受的痛苦特别的大。""我们应不顾一切,勇往直前地挽此危局。""欲挽救此危局,必须先请蒋委员长回京为第一要义。"

同一天,张学良召见驻太原的代表李金洲,要他不必忙着回太原。实际上也是拒绝了阎锡山的"调停"。他表示"决不让老阎做这一票买卖。"在与蒋介石的代表谈判时,有人曾提议请阎锡山作保送蒋介石回南京,张学良听罢愤愤地说:"好汉做事好汉当。我们不请客,更不请阎锡山那样的客……这样的人不能共事,不能让他投机取巧。"

12 月 28 日,阎锡山就西安事变的和平解决发表讲话,表示事变"幸于二十五日圆满解决,实不幸中之大幸",今后,"只有希望我民族,全体站在一条线上努力奋斗,挽救危亡,复兴民族"。

1937 年　54 岁

7 月 7 日,卢沟桥事变爆发,中国全面抗战开始。

8 月,阎锡山飞往南京,参加国民党中央召开的国防最高会议。鉴于战事不断扩大,国民政府军事委员会制定并颁布作战指导计划及方针,将全国划分为五个战区,阎锡山被任命为第二战区司令长官,负责晋绥方面的战事,统一指挥该区域的作战部队。

抗战初期,阎锡山认为,战事进入第二战区范围后,日军的作战行动有两种可能:一是以一部兵力由蔚县向广灵实施佯攻,以主力沿平绥路西进,夺取大同,切断晋绥之联络线;二是以一部兵力向天镇行牵制进攻,以主力向广灵进攻,以截断雁门关后路。据此,阎锡山拟定了一个"大同会战"计划,实施机动的作战方针,即以主力配置于天镇、阳高、广灵、灵丘、平型关各地区,以一部置于大同、浑源、应县附近,以策应各方作战,相机转移攻势,达到利用山地歼灭敌人之目的。为此,阎锡山调兵遣将,准备实施"大同会战"计划。然而,日军并未如阎锡山设想的那样行动,"大同会战"计划宣告破产。

9月上旬,阎锡山在岭口行营同周恩来面谈。周恩来首先分析了抗战的形势,指出敌强我弱是暂时的,日本帝国主义是可以打败的。周还向阎锡山提出要保卫华北、保卫山西,光靠军队是不够的,必须成立一个有共产党、八路军参加领导的各级战地动员委员会以组织民众,在第二战区行营直接指挥下,组织游击战争。阎锡山虽表示同意在绥远、察哈尔和晋北沦陷区成立第二战区战地总动员委员会,但规定战地总动员委员会必须限于在沦陷区,只动员群众,不干涉县政。

9月20日,第二战区战地总动员委员会在太原正式成立。经周恩来推荐,由爱国将领续范亭先生担任主任委员。

9月中旬,阎锡山在岭口召开军事会议,研讨作战方案。会上,阎提出了一个方案,就是张开口袋,将日军板垣师团放进平型关,然后在繁峙掐住袋底,主力则分别由垣山、五台山两翼出击,全歼日军于沙河——大营之间地区。阎锡山称此为"口袋阵",让敌人进得来,出不去。会后,他召见有关将领,面授机宜,并率众将领到繁峙、沙河间的主阵地带周密勘察,选定有利地形,构筑最坚固的"口袋阵"。

9月20日,日军进攻平型关,阎锡山听信孙楚等对敌情的错误判断,调整原定的作战计划,导致团城口、繁峙等地相继失守。

9月底,阎锡山在沙河南边的一个小村子里召集前线将领开会,研究面临的局势。傅作义等拟定了两个方案:一是反击茹越口、繁峙间之敌,把敌人赶出茹越口;二是坚守平型关、团城口阵地,夹击占领繁峙城之敌,把敌人赶出茹越口。正在这时,传来日军向平型关南翼移动和负责反攻铁角岭、茹越口的方克猷部溃退代县的消息。看到局势难以挽回,阎锡山听从了杨爱源的"繁峙之敌有可能直窜五台山"的提醒,深恐通往五台山的退路被切断,于是下令全线撤退。并决定各路大军向五台山、云中山、芦芽山之线转移,集中全力于忻县、忻口之间,以保卫太原。阎锡山抽调了第二战区一半以上的兵力约13万人,构筑了一个以忻口岭为轴心,左右连接云中山、五台山的正面防御系统。

10月2日,由于山西战事吃紧,在阎锡山的强烈要求下。蒋介石急令第一战区第十四集团军总司令卫立煌率部从石家庄沿正太路星夜驰援山西,经太原转赴晋北,参加对日作战。

10月13日,忻口战役打响。日军向忻口正面阵地的中国守军发动猛攻。中国守军在前敌总指挥卫立煌的统一指挥下奋勇抵抗,战斗极为惨烈,双方形成拉锯战,阵地几经易手。

10月17日,日军兵分三路发动猛攻。阎锡山令骑兵军长赵承绶率部出阳方口,向广武方面活动,焚毁南桑干河大木桥,断敌之交通。令马延守独立旅等袭击敌之右侧背。令卫立煌、傅作义整饬构筑忻县附近各处工事。随后,日军不断增兵,战斗形成胶着状态。

10月26日,沿正太路西犯之日军突破娘子关中国守军阵地,在忻口的中国军队处于腹背受敌的境地,处境极为不利。阎锡山命令傅作义撤退至太原固守。

11月1日,阎锡山电令卫立煌称:"我晋东军因受优势之敌军压迫,正逐次向太原以东地区转进。除已令傅总司令在太原布置城防,以固我资源重地外,希贵总司令在莱水坞、青龙镇、天门关之线占领阵地,俟敌接近而一举而歼灭之,并协助傅军固守太原,依城野战"。

11月2日,阎锡山召集卫立煌、傅作义、杨爱源、朱绶光等高级将领召开军事会议,商讨保卫太原的问题。会上,阎锡山提出了固守太原、依城野战的方针。傅作义自告奋勇负责坚守太原。阎锡山还提出各部必须互相配合,城内城外协调一致,以城内所存粮秣弹药,供给城外野战部队,服从第二战区司令长官部的统一指挥。会后,阎锡山下令晋北方面的军队向太原附近阵地转进。当晚,晋北部队开始南撤。

11月4日,阎锡山在太原召开军事会议,并邀请第二战区副司令长官黄绍竑及孙连仲到太原商讨太原守城事宜。会上,阎与黄绍竑在固守太原问题上意见分歧,并发生争执,卫立煌也表示异议,没有形成统一的意见,结果不欢而散。当晚,阎锡山自己沿着晋西公路退往交城,引起黄、卫等部不满。从晋北撤下来的中央军各部至太原时,均未进入既定的防守阵地,而是绕城南撤。晋东南方面由于日军已逼近太原,预定防守太原城东的部队有的未及时撤回,有的虽已撤回,却缺乏斗志,一经接敌,即向南撤退。实际上在太原一线依城野战的只有晋军王靖国所部,在城西布防的也只有陈长捷部的两个旅。

11月8日,日军从东、北、西三面进攻太原城。傅作义率部抵抗,终难挽回大局。当晚9时,傅作义下令守城部队撤离,太原失守。

1938年　55岁

6月上旬,阎锡山在吉县的古贤村召开晋绥军高级军官会议,煽动旧军军官压制和打击新军,制造反共舆论。阎锡山称:"此次会议,是我军的生死关头,如能走上新的道路,就是我们的庆祝会,若走不上新的道路,就成了我军的追悼会。"他进一步解释说:"某友军自抗战以来人员就增加了四倍,我军某军抗战以来减少了一半,按这个比例,再过十个月,就是友军的一变成十六,我某军的一变成四分之一,这就成了六十四与一之比了。你们看新与旧,一膨胀一缩小的结果可怕不可怕。知此尚不觉悟、不改新,则明饿了尚急走,冻了尚抢冰,岂非自杀?"他直言不讳地对小圈子里的亲信说:抗战以来晋绥军抗光了,唯独八路军不但没有减少,反而增加,再加上牺盟会、决死队和共产党、八路军的合作,今后还有我们晋绥军的立足之地吗?阎认为联共抗日"已不适用","不能抬着棺材去抗战"。阎强调为适应日军占领山西大部,蒋介石亦有妥协意图这一"政治气候",必须采取"新做法",实行"新的教育"、"新的统驭"、"新的管理"和"新的作战"。这就好比"冬天穿皮袄,生火炉,夏天穿衫子,扇扇子,这就适合气候,这就对,对就能存在。如果冬天穿衫子,扇扇子,夏天穿皮袄,生火炉,违反了气候,你一定要受热挨冻,甚至生病而死,那就不能存在了。"

9月,阎锡山在古贤村召开"抗敌行政工作检讨会议",制订了抗战行政十大纲领,提出了抗战人员必戒 20 条,其中对汉奸采取了纵容包庇的态度。阎锡山对此解释说:"做汉奸真实的少,被迫者多,应当尽力争取……我们万不可拿年少气盛得意苛刻的态度,侮辱罗织的方法处理汉奸,使人本非汉奸而迫成汉奸,原是假汉奸而迫成真汉奸。"

12 月下旬,汪精卫发表《艳电》,公开投敌当汉奸。阎锡山得知汪精卫逃出重庆的消息后,觉得汪精卫走的不是时候,他说:"兆铭走得太早了"。他还为汪的出走辩护说:"汪先生不是当汉奸,只是政见不同而已"。当牺盟会草拟讨汪通电送他签字时,阎锡山拒绝了。他说:"我个人从来没有用个人的名义去反对另外一个人"。牺盟会再三表示,对于汪精卫这样的大汉奸,全国共讨之,全民共诛之,如果不表态,会令全国人民怀疑和失望的。但阎锡山仍拒绝签字,他说:"你们牺盟会要发,由你们发好了"。

1939 年　56 岁

3 月,阎锡山在秋林召开晋绥军、政、民高级干部会议,史称"秋林会议"。参加会议的有包括独立旅长以上的军官、各区专员、保安司令以上的行政干部,以及县长、"公道团"县团长、"牺盟会"县特派员等 100 多人。这次会议是阎锡山准备妥协投降和公开反共的开始。阎锡山分析中国抗战的前途是"中日不议而和,国共不宣而战"。他说:"蒋先生的脑筋中,绝无抗战之意,今天是如何妥协的问题了。因之他可以设法增加前线的困难,使前线将领均自动要求停战,他可以任意广播共产党、八路军破坏统一,不服从命令,加他们一个奸党奸军的帽子,在不知不觉中,转移抗战为剿共,一切关键只在日本的条件能否接受,这种形势我们要看得很清楚,天要下雨,要赶快准备雨伞。"阎锡山声称:"抗战只是手段","存在就是一切"。他告诫心腹要学会"狡兔三窟","我们必须具备以下三个窟窿,才能生存:第一个是日本人,第二个是国民党,第三个是共产党",现在"日本人最有力量,所以必须费力经营好日本人这个窟窿"。

秋林会议期间,围绕着取消新军中的政治委员制度,阎锡山先是借口重庆国民党中央军令部规定文官不能担任军职,说薄一波、张文昂、戎子和因为兼任各区专员,所以不能担任决死一、二、三纵队的政治委员。决死四纵队政治委员雷任民虽未兼任专员,但要调到第二战区长官部任高级参议,因此也不必担任政治委员。接着又抛出"统一编制、统一训练、统一指挥、统一人事和待遇"的所谓"统一方案",提出要取消决死队的番号,恢复组建时的旅团番号,取消政治委员制,把新军统一于旧军。结果遭到薄一波等的抵制。

七八月间,阎锡山提出"军事领导一切",正式下令取消新军的政治委员,指示旧军官压制政治机关,打击政治工作人员。他不断制造新旧摩擦,压迫牺盟会,收缴小部决死队,袭击八路军,绑架和暗杀牺盟会和新军领导人及八路军、共产党人。他下令解散"第二战区民族革命战争战地总动员委员会",建立"精神建设委员会"、"政治突击队"、"敌区工作团"等特务组织。

11月初,阎锡山密令王靖国、陈长捷派代表到临汾与日军清水师团的山下参谋密谈。阎锡山提出的条件包括:(一)晋绥军一部改编为"中国抗日忠勇先锋军",实行剿共,日军须从隰县、午城、蒲县等据点撤退,以后得将汾阳一带地区给晋绥军驻扎。

（二）日军帮助晋绥军剿共。（三）日军接济晋绥军枪支弹药。（四）山西各将领在日占领区之住宅、财产，日军须完全交还。

　　同月，阎锡山授意王靖国等以"整军会"的名义，秘密建立"铁军组织"。该组织正式名称为"三三铁血团"，由王靖国纠合28个反共的顽固分子作为发起人。并拟定有守约、誓词和纪律。其守约为："铁血主公道，大家如一人，共生死患难，同子女财产，为按劳分配物产证券奋斗到底"。誓词为："誓以至诚，亲爱团结，用铁、血拥护会长阎百川先生，坚决实现会长'物产证券'与'按劳分配'的主张……以生命付诸组织，与组织共存亡，始终到底，如有违犯，愿受组织最严厉的处分。"该组织制定有严格的纪律，规定犯下列各条之一者处死："一、脱离组织、背叛组织者；二、阴谋破坏组织者；三、不服从组织决议及指示者；四、泄露组织秘密者；五、有污蔑会长之言论和行动者；六、污蔑同志破坏亲爱团结者；七、不积极努力组织工作，致组织受重大损害者；八、犯烟、赌、赃、欺之一者"。阎锡山强调，组织永远不开除同志，如有违反纪律者，就给予最严厉的处分——自裁处死。

　　11月下旬，阎锡山委派陈长捷为总指挥，从北、东、南三面夹击决死二纵队。其具体部署是：北路以梁培璜为指挥，率十九军和三十三军一部，从永和、石楼地区发动进攻；东路由崔道修率新编第一旅进行骚扰配合；南路由陈长捷亲自统领，以六十一军、八十三军和警备七十三师从蒲县、隰县地区向北进攻。日军则调集其在平遥、临汾间的兵力于霍县韩信岭一带策应。为防止决死二纵队北撤晋西北和陕北八路军东渡援助新军，阎锡山一面严令陈长捷等部迅速进攻，一面派赵承绶、郭宗汾等部在临县集结，监视陕北方面，阻击决死二纵队的北上。

12月1日,阎锡山下令对日军实行所谓的"冬季攻势",命令决死二纵队为第一线,第六十一军、十九军为第二线,向同蒲路霍县至灵石段的日军进攻。这是阎锡山实施的"锦囊妙计",是他实施三路进攻决死二纵队的一部分。他将决死二纵队放在第一线,六十一军、十九军置于第二线,就是为了配合日军造成前后夹击之势,在"不知不觉"之中将决死二纵队歼灭。如决死二纵队不服从命令,则可以给他们加上一个"叛军"的罪名,可以公开地向新军进攻了。他要求六十一军、十九军按事先部署发动进攻,如决死二纵队北撤,则要"追歼"。在决死二纵队明白了阎锡山的险恶用心,拒绝执行"冬季攻势"的命令并被迫对进攻自己的旧军实行自卫后,阎锡山马上通电全国,称"决死第二纵队叛变",下令公开"讨伐"。

与此同时,阎锡山还命令晋西北的赵承绶和晋东南的孙楚向当地的决死第四纵队、第三纵队和新军其他各部以及八路军发动进攻。

阎锡山发动的"十二月事变",最终以失败告终。决死二纵队冲出重围后,与决死四纵队取得联系。赵承绶被赶出晋西北,晋西北完全为新军和八路军所控制。在晋东南的决死第一纵队成功解决内部的旧军官,完整无损的保留下来。决死第三纵队虽遭受重创,但仍坚持当地的游击战争。阎锡山没有将新军消灭,反而眼睁睁地看着新军脱离了他,正式加入八路军的行列而自己只剩下晋西南一隅之地了。

1940年　57岁

春夏之交,阎、日之间的谈判取得了实质性进展。日军"山西派遣军"派汉奸白太冲和宪兵特务大矢与阎锡山的警卫军军长傅存怀接洽,通过傅的安排,大矢秘密前往克难坡与阎锡山进行密谈。随后,阎派其机要处副处长刘迪吉随大矢到太原,与日军接上头。为了表示诚意,阎还命其侄将两名日军俘虏秘密护送至太原。日军也将兑九岭让给晋绥军,作为阎日合作的见面礼。经过一段接触,双方达成初步协议:日军帮助阎锡山铲除在山西的八路军和新军,完全交还阎锡山及各高级将领的住宅、财产;阎锡山在日军取得中条山战役胜利后,立即进驻太原。为加强双方之间的联系,阎锡山与日方约定双方派代表在孝义白璧关会谈。

11月,阎锡山派赵承绶到孝义县白璧关同日军"山西派遣军"参谋长楠川秀吉谈判。赵承绶秉承阎锡山的旨意,提出了"亚洲同盟、共同防共、外交一致、内政自理"四项原则,并要求日军武装山西军队30个团,供给武器、弹药、服装、粮饷,帮助招募兵员等。楠山秀吉主要是为了摸清阎锡山的真实意图,未提出什么具体条件,表示只要阎锡山真诚合作,一切都好办。对赵承绶提出的要求也是一口应承,但须待回太原后再商量决定。阎锡山对会谈结果表示满意。

1941年　58岁

3月,阎锡山再派赵承绶赴白璧关和日军进行第二次接触。日军参加会谈的是宫内参谋,此人系日方指定专门和阎锡山方面联系的。双方达成口头协议:阎日双方首先消除敌对行为,互相提携,共同防共。

7月,阎锡山派人赴太原向日军提出如下条件:(一)防共合作以打倒蒋介石为基本条件;(二)为维持山西纸币价值,贷款5000万元;(三)为充实山西军(现在兵力6、7万)的实力(当前以30万的目标),供给步枪10万支,轻机枪2—3千挺,大炮300门。以上述办法加强实力后,马上宣言反共讨蒋,联合各地将领为完成目标而迈进,并劝告蒋介石全面和平。附带条件是:(一)恢复山西西北实业公司;(二)委任阎为华北国防总司令和南京(汪精卫)政府军事委员长;(三)以后每年须由南京政府给阎军2000万元,步枪10万支,大炮200门;(四)以后须由南京政府支付1亿元作为华北民众救济费等。这样,双方很快议定了协定草案。

　　9月11日,由赵承绶和田边盛武分别代表阎日双方在《晋绥军与日本军基本协定》上签字。同一天,赵承绶和楠山秀吉还分别代表阎日双方签订《停战协定》。《基本协定》内容包括"方针"和"要领"两部分。"方针"部分规定了晋绥军与日方成立停战协定并与南京政府合作,国内事务由中国方面自理。阎本人权限可由山西省扩至全华北,地位可由副主席及军事委员长至华北政务委员会及国防总司令等。"要领"分三段,第一段规定双方缔结协定,与日军提携,日军占领战略要地,兵力由山东、河北、山西补充,军费由南京政府拨付等等。第二阶段规定阎需敦促重庆政府反共,并首先在山西清共,以及弹药、兵员补充事宜。第三阶段规定阎锡山须负责维持华北治安,并由南京政府拨款善后。《停战协定》规定,日军与晋绥军结为友军,彼此提携,共同反共,自即日起停止一切战斗及敌对行为。双方约定,《基本协定》与《停战协定》自签字之日起生效。

　　10月4日,日"山西派遣军"第一军司令官岩松义雄致电阎锡山,提出"既要迅速实行基本协定规定的各项内容,就应着手考虑双方首脑之直接会谈",希望于15日直接与阎锡山会谈,届时还将考虑"要求南京政府派权威代表出席",并在双方加深了解的基础上,请阎锡山准备发表"独立宣言"。

10月9日,阎锡山复电岩松义雄,称"前线会见,我方已做好准备,待赴隰县时相会。发表宣言依协定在第一阶段完成之后进行方有益无损。与汪主席会见,事前须审慎考虑,余以为如此,会见始能获得较大之效果"。此后双方函电往来,争执不断,日方要求阎锡山尽快同意举行首脑会议,发表独立宣言,脱离重庆政府;而阎锡山则坚持应先行合作,共同反共,日方依约交付军费、武器之后方可发表宣言或声明。

10月22日,阎锡山致电伪山西省长苏体仁,称"日本方面要余扭转全局,必须使余不脱离中国人心,若全国将领通电讨余,由此使余处于隔绝状态,虽力图收拾时局,其势亦不可能"。他认为"为了中日合作自己有必要提高战斗力",为此,必须要求日方先履行协定,拨付军费、武器。

11月下旬,中共代表、八路军驻太原办事处主任王世英约见阎锡山,分析了当时的形势,指出日本已面临困境,无力北攻苏联。蒋介石国民党政府在全国人民的推动下,将会继续抗日。共产党及其领导的八路军、新四军将和全国人民一道,坚持抗战到底。谁投降,我们就坚决打倒谁。阎锡山受到严正警告后,降日活动不得不有所收敛。

与此同时,阎锡山接到赵承绶的电报,得知日方并无力履行协定中承诺的拨给阎锡山武器、弹药和军费等。为阻止阎锡山公开投敌,蒋介石也派徐永昌、贾景德从重庆赶到克难坡,答应拨给阎锡山的欠饷和增加军费。阎锡山召回驻在太原的赵承绶。至此,谈判告一段落。

12月7日,太平洋战争爆发后,日方试图"通过阎锡山与南京政府合作,使持观望态度的反蒋将领觉悟并勃起,并作为重庆政府的崩溃的开端而宣告中外,以促进中国事变的解决",岩松义雄又致电阎锡山,提出双方首脑会谈,消除隔阂,阎锡山发表宣言等问题。阎锡山表示,若"晋绥军不充实,骤然表态时,本身及环境均有极大的困难",再次拒绝日本的要求。

1942 年　59 岁

1月7日,日军第一军新任参谋长花谷正写信给赵承绶,要其速归太原,会商基本协定中的武器和军费问题,并附有一个准备拨付的武器和军费清单:武器方面,步枪3万支,分两次拨给,第一次给2万支(孝义会见时1万支,发表宣言时1万支)。第二次1万支(发表宣言后逐次拨给)。军费方面,在孝义会见时给联银券1200万元,发表宣言后每月付法币2000万元,联银券800万元。其他有关问题,俟阎锡山来太原后协商,粮秣问题日方今后努力供应。日方要求阎锡山:第一,迅速实现移驻孝义或隰县;第二,近日即于孝义会见。阎锡山指示赵承绶,拒绝了花谷正的要求。

3月,日军制定了"B号作战计划",也称"对晋绥作战计划",命有关兵团对晋绥军进行炮击,压迫阎锡山就范。岩松义雄通过汉奸梁上椿等向阎锡山发出最后通牒,并对晋绥军实施第一次攻击。24日,日方约见阎锡山驻太原的联络员,就双方首脑会见问题,面交正式书面通知,不论同意与否,限于4月4日前答复,并口头表示,过期不至,以往所签订的一切协议一概作废。25日,日军又发动第二次攻击。阎锡山被迫派赵承绶去太原，与日方交涉。由于赵仓促参加谈判，未带具体条件，日方认为这是阎锡山恐遭日军进攻而行的"缓兵之计"。

4月8日，赵承绶在什么也没有谈成的情况下回到克难坡。听了赵的汇报，阎锡山说，日本人什么也不给咱，就想叫咱脱离抗战，这根本不可能。9日，阎锡山致电日酋，表示"确在事实上有不可能克服之困难"而拒绝会见。随后，日军连续三次发出通告，表示"中断一切交涉，采取自由行动"，在加强经济封锁的同时，对晋绥军再次进行炮击。25日，伪山西省长苏体仁趁机出来斡旋，充当调停人。阎锡山以此为台阶，复电表示同意举行首脑会面。29日，双方商定：（一）5月5日在安平村举行会见；（二）双方之通告一律撤销；（三）解除对山西军之军事压力和经济封锁；（四）山西军恢复停战时之态势。

原定于5月5日的阎日会谈因雨延至6日举行。6日清晨，阎锡山率王靖国、赵承绶等由吉县来到安平村。随后，日山西派遣军第一军司令官岩松义雄、参谋长花谷正和日本华北方面军参谋长安达等到达安平。大汉奸苏体仁、梁上椿也参加了这次会谈。

会谈开始后，阎锡山首先发言。他说，山西军和日本军合作，是为了达到东亚共荣，协力"剿除共产党"的目的，这是双方互相需要的。但在山西军实力未充实之前，是达不到这个目的的。希望日方圆满实现协定诚意和山西军合作，帮助山西扩充30万军队，提供武器、军费等。岩松义雄表示，目前日本正对英美作战，30万人的武装数量太大，一时难以全部完成，可先分拨一部分，以后陆续实现。安达说，为了双方合作，先给山西军拨付武器5万支步枪，分别送交孝义、临汾两地，由山西军接收。花谷正则气势汹汹地要阎锡山立刻发表通电,立即进驻孝义,把小船窝渡口交给日军。阎锡山听后说,凡事都要有个准备,现在一切还没有准备妥当,通电还需相当时日,最要紧的是力量。如果日本能把协议中答应的东西先行交付,武装起力量来,能对付共产党的攻击,就可以推进到孝义去。花谷正接着说,今天已准备步枪 1000 支,联币600 万元,先行交付,其余随后运交,请阎先生表态吧。阎锡山默不作声,会谈气氛显得很紧张,很难继续下去。苏体仁建议暂时休会。不一会儿,阎锡山得报,发现不少人马向安平村进发。阎锡山十分惊慌,疑为日方因会谈没有成功,欲以武力相要挟,决定三十六计走为上,遂间小道不辞而别。

当日方得知消息后,阎锡山早已逃之夭夭。原来向安平村进发的人马是日方运来准备当场交付阎锡山的 1000 支步枪和 600万元联币。

5 月 17 日,日华北方面军通告阎锡山,日军将采取自由行动,废除基本协定、停战协定以及协定细则等。

1943 年　60 岁

8 月,阎锡山在克难坡召开军师长以上军官和区(专区)、县级负责人参加的行政会议。会上,阎锡山提出了"兵农合一"的主张。主要内容包括:

(一)编组互助。将村中 18 岁至 47 岁的所谓役龄壮丁,除去免役、缓役、禁役、停役的以外,不管其在村或不在村,一律以村为单位,每三人编成一个兵农互助小组,其中一人当常备兵,入营服役受优待,其余二人为国民兵,在家种地或做工,每年共出小麦或小米 5 石,熟棉花 10 斤,优待同组的常备兵的家属,简称"优待粮花"。常备兵服役三年期满,由同组中令抽一人入营服役,如遇有人不愿意服役时,用抽签的方法解决。对于不在村的役龄壮丁,限期由家属叫回,抽签服役,逾期不归,编入兵农互助小组,顶服国民兵役,由家属代出优待粮花。对于半残疾不能充常备兵而有耕作能力能当主耕的,在校求学的学生与按章不能缓役的,离村五年以内无音信的役龄壮丁,都要按现役每三人编成一个纯国民兵小组,领种份地,缴纳优待粮花,优待在营服役的外省籍士兵。已在军中的本省籍士兵,由原籍村公所指定村中二人,编成一个兵农互助小组,给予优待粮 6 石,熟棉花 10 斤,以示优待。

(二)划分份地。以村为单位,把所有的土地按产量纯收益小麦或小米 20 石作为一份的标准,划分成若干份地,份地分 7 等 21 级,由国民兵领种,并规定好坏搭配,远近搭配。每个国民兵领一份地,份地不够的,两个国民兵共领一份地,如份地有剩余时,可按规定实行借耕。非国民兵和妇女不得领地。国民兵领到份地后,和村中有劳动能力者组成耕作小组,由国民兵当主耕人,其余都是助耕人。劳动产品按劳力大小分配。国民兵调充了常备兵,或者死亡,或者迁出村后,均需退还份地。如离村或中途改业,则实行夺田。对于地主则保留土地所有权,并规定每两粮银的土地,每年交地主租粮小麦或小米一石。

(三)平均粮银。把过去粮银按亩数均摊到土地上,每份地多少粮银,每两粮银多少负担均有定数。不管以前有粮无地,有地无粮,地好粮轻,地坏粮重的,均须重新平均。各县原有粮银,以不增不减为原则,偏高偏低时由全村"调剂"、县"补救"。无主或摊于村中之土地,其粮银累入份地中。

　　"兵农合一"规定劳动产品的具体分配是:田赋征购及村摊粮等抗战负担,约占工作小组全产量30%;地租按粮银正额数向地主交纳,约占全产量的5%;种子肥料等开支约占全产量的15%;余粮约占全产量50%,作为劳动报酬,由主、助耕人合谋商量分配。

　　阎锡山认为"兵农合一"是现代的井田制度,实行"兵农合一",既"合乎公道",又"合乎人情",还"适于生产",是一个"无一行不通,故可以永久不变"的制度。实行"兵农合一"后有两大好处:第一,打仗的人多,可以保社会的安宁;第二,种地的人多,可以保社会有饭吃。

1944 年　61 岁

　　下半年,抗战形势发生发生了很大的变化。正面战场上国民党军队加紧对日作战,敌后战场上共产党领导的武装力量开展局部反攻,日军占领的区域日趋缩小。面对这种有利形势,阎锡山开始对一些伪军头目加官晋爵,为接收山西做准备。他委任赵瑞(原阎部骑一师师长,1942 年投敌,曾任伪剿共军第一师师长和华北绥靖军第十二集团军司令,此时任伪山西省保安军副司令)为"第二战区新编第一军军长";委任杨诚(原阎部骑四师师长,与赵瑞一起投敌,曾任伪剿共军第二师师长、华北绥靖军第十三集团军司令)为"第二战区新编第二军军长";委任伪山西雁门道保安队副总指挥秦良骧为"新编第一师师长";委任河东道保安队副总指挥汤加谟为"新编第二师师长";委任伪华北绥靖军第十二集团军副总司令段炳昌为"新编第四师师长";委任伪华北绥靖军第十三集团军副总司令何焜为"新编第五师师长"。

1945 年　62 岁

5 月,阎锡山在隰县举办所谓的"解救训练",由梁化之、王靖国等做"精神讲话",传授如何防共;由蒋毓相讲解"兵农合一";由杨吉贞传授各种特务技术。目的是训练一大批反共分子打入日伪区域,与日伪密切配合,以图建立"防共政权"。同时,阎锡山还对日伪区域的省以下各级行政负责人发给"第二战区长官部委任状",承认所有汉奸分子只要不反对阎锡山,都可算作第二战区的地下工作人员。这样一来,一旦日本投降,各地政权就能顺利转到阎的手中。

7 月底,阎锡山将指挥部由克难坡移至第一线之孝义,策动布置收复工作。

8 月初,日本华北派遣军参谋长高桥坦、山西派遣军参谋长山冈道武等从太原赶至孝义,与阎锡山进行秘密会谈。会谈中,高桥坦向阎锡山透露出"东亚大局将要转变,日本不久将停止战争,宣布投降"的信息。阎锡山向高桥坦提出,日本如果宣布投降,务请先行通知我,做个准备。当晚,阎锡山命令所属各部队迅速完成集结待命的准备,一旦日本宣布投降,便立即出动,抢占太原、临汾、大同、长治等重要城市及主要交通线。之后,阎锡山又在孝义召开军事会议,具体布置各部的行动任务:第八集团军副总司令楚溪春率骑一军之骑一师、骑二师、骑四师及第七纵队进驻孝义,作为抢占太原的第一梯队,并相机抢占大同;第二十三军集结隰县,第四十师在汾西,第四十六师在灵石,第四十七师和四十九师在吉县,第八十三军之第五十师、六十六师集结乡宁,以上各部队由第七集团军副总司令彭毓斌指挥,作为抢占太原的第二梯队;第八集团军副总司令兼十九军军长史泽波率领十九军之第三十七师、六十八师,六十一军之六十九师,加上第二、第六挺进纵队及地方保安部队抢占上党地区;由六十一军军长梁培璜率部抢占晋南重镇临汾。

　　8月10日,阎锡山令楚溪春率部火速从孝义出发,向太原挺进。随后又命令彭毓斌率部晋绥紧随其后,向太原进发。与此同时,阎锡山还派赵承绶去太原,与日军山西派遣军司令官澄田面商接收事宜。他告诫赵务必向日方表明来意,求得谅解,切不可以战胜者自居。17日,赵承绶到达太原,与澄田司令官、山冈道武参谋长达成"妥定事项"。主要内容包括:日军原地待命,等待阎锡山部队接受投降,不得将防地交给共产党八路军。双方共同堵击共产党的军队接收太原,但日方负主要责任。日军如需调动,须先通知赵承绶电请阎锡山同意后方可。太原城内一切日方企业、商业照常经营,"联币"继续通行。楚溪春、彭毓斌二人进入太原城,其部队在原地休息待命。当日还议定:第一梯队全部移驻于太原北郊新店一带,但须绕城而行,不得穿城而过。原防地由第二梯队接防。

　　8月23日,阎锡山由孝义赶往介休,以电报通知澄田,称已接到国民政府命令,任第二战区受降长官,负责第二战区所有受降事宜,第二战区所驻日军均由他负责处理,并告将即日抵太原。澄田接到电报后,派参谋长山冈道武率一大队日军,乘车由太原出发,前往介休迎接阎锡山。

　　8月30日晚,阎锡山到达太原后,召集高级军政人员与伪山西省长王骧等举行联席会议。会上,阎锡山提出要和王骧联合发表告示,令"全省各地旧有文武官员,照常供职,一切率有旧章,照常行事,不必有所顾虑"。阎手下一些高级官员认为此时阎与王联合发布告示实为不妥,对阎锡山加以提醒,最后决定由王骧单独发布告示,称:"奉阎长官命令,一切照常办理,不得消极怠工"。当晚,阎锡山还委任大汉奸苏体仁、梁上春为高级顾问,委王骧、冯司直为高级参议,随同阎锡山办公。

8月31日上午,阎锡山出席汉奸们为他举行的欢迎会。阎锡山在会上强调,"行者"(随阎锡山从晋西回来的人)和"局者"(留居沦陷区的人)都是一家人,一样"有功",应团结一致,精诚合作,勿画鸿沟,共同对付共产党。

同一天,阎锡山还会见澄田,希望把山西境内的日军一律归他改编,原地驻扎,协助第二战区共同"剿共"。澄田一时不敢给予明确的答复,只是说,阁下的想法很好,但事关重大,我们还得仔细研究一下。事后,澄田和山冈道武做了详细研究,他们十分清楚,如果处理不当,会加重他们的罪责,所以,对于阎锡山的要求,他们不敢全部答应。

9月7日,澄田和山冈回拜阎锡山,正式答复说:日本山西派遣军全部留下来不可能,如留一部分可以考虑,最好采取个别发动的办法。阎锡山表示感谢,又要求澄田派出部分日军协助他维持治安,以防八路军袭击。澄田满口答应,但提出日本已宣布投降,如再拿起武器直接进行战斗,恐违反《波茨坦公告》。阎锡山称自己是山西最高受降长官,一切责任由他完全负责。阎锡山决定聘请澄田、山冈为第二战区总顾问和副总顾问,任命日军旅团长板井少将为太原市警备司令。随后,太原市各城门和街头出现日军布告,称"日本军于八月十七日停止了战斗行动,然而向我挑战者或者有企图破坏铁路道路通讯线者,便作敌人断然膺惩"。在太原市的一些日籍居民也接到日军司令部的通知,已决定留一部分兵力在山西,协助阎锡山"剿共"。而同蒲、正太、东(关)沁(县)三条铁路完全由日本军队担任守备,一些日军换上了国民党军装。为掩人耳目,阎锡山和日军头子共商了一个办法,将日军武器上的标志"菊花"一律抹去,在原位置上打上"晋"字钢印。

10月间,阎锡山加快了留用侵华日军的步伐。他召集高级官员开会,在会上提出,现在兵力不够,应付不了共产党,只得招兵,但招兵又有困难,即使招来10万中国兵,也顶不住1万日本兵。所以,一定要留用日本军队。又说,在留用日军问题上,一定要用"合谋"的形式,与日本人好好商量,千万不可用强迫的办法。会上决定立即成立"合谋社",作为发动日本兵留用的一个专门机构,具体事宜由赵承绶代为督导。在阎锡山的授意下,"合谋社"很快成立,社长为梁綖武,下设军事、经济、总务、文化组。在"合谋社"成立后,又成立了一个亚洲民族革命同志会,具体负责人是徐士珙及日本人城野宏。所有被留用的日本人,都被拉进了这个组织。阎锡山对加入该组织的日本人说,中日两国原系同文同种,都是亚洲民族,应该精诚团结,密切合作,共同"防共灭共"。只有这样,才能"共存共荣"。随后,阎锡山在"合谋社"总部召开动员大会,到会的日本人有800余人。赵承绶代表阎锡山宣布留用政策,凡被留用的日本人,一律官晋三级,兵发双饷。以后又将所有被留用的日本士兵加官至少尉或中尉。至1945年年底,阎锡山总共留用日军7000余名,对外宣布1万余名,虽然不足1万人,但其战斗力远非被收编的5万伪军可比。在留用的日本人中,被编入部队的有6000余人。这些人开始编为六个铁路护路大队及一个大同保安总队,后六个护路大队改编为六个保安团(以后又称特务团),最后六个保安团在 1947 年夏又被改编为暂编第十独立总队,直至 1948 年晋中战役中被人民解放军彻底消灭。

10 月中旬,阎锡山抵重庆,与蒋介石面商整编军队事宜。蒋介石认为阎部空额太多,需要整编。经过讨价还价,最后商定,阎部由原来的八个军整编为五个军。阎锡山反复说明,日本投降后,需要部队控制的地区扩大,这次整编应以减少指挥单位、增强连队实力为宗旨。所以整编后的阎部,部队的番号减少了,部队的数量和领取的经费却增加了。以后阎锡山每谈及此事,均面露得意之色。

1946 年　63 岁

1 月 10 日,国共签订停战协定。17 日,军调小组到达太原视察,阎锡山单独会见马歇尔,提醒马歇尔要立即停止军事调处,时间太长了要失策。他说:"君之调处系交易性质之折冲,如共匪之目标,在买贱货,交易尚有可成之望,而今共匪之目标在得工厂,不论货如何贱,亦非彼之愿望。"他提议美国出兵中国,帮助国民党消灭共产党。阎锡山还向马歇尔提及留用日军问题,希望马歇尔不要将在华日军全部遣返回国,应将其一律编成国民党的部队参加"剿共"。他认为美、日、蒋全力"剿共"才是最佳的"剿共"方案。

3 月,阎锡山成立了以梁化之为头子的"特务警宪指挥处"(简称"特警处"),进行内部清洗。特警处不仅规模庞大,而且权力也很大,可以随时逮捕、审讯甚至处死军政人员、学生及平民百姓。

6月下旬,全面内战爆发。在山西战场上,人民解放军在晋东南、晋西、晋北各个战场上发动攻势。在晋东南和晋西作战中,歼灭阎锡山军队16900多人,在晋北作战中,歼敌近万人。在晋北的大同战役中,解放军围困大同47天,扫清了大同外围的所有据点,并一度攻下了车站至大同北关一线的重要阵地。

8月,阎锡山成立"晋绥军返部干部集训团"(简称"返干团"),自兼会长,由王靖国、杨贞吉、孟际丰具体负责。成立"返干团"的目的,就是害怕那些被俘的官兵返回后,将他们在解放区的所见所闻传播开来。故而要将那些获释官兵统统送去受训,"洗脑筋"。

年底,阎锡山乘胡宗南向晋西南发动进攻的机会,调兵遣将,配合胡宗南的进攻。人民解放军太岳纵队、吕梁军区野战部队在陈赓、王震的指挥下,组织了汾孝战役,给阎部以迎头痛击。

1947年　64岁

1月1日,阎锡山连续发表《复兴年的意义》、《中华民国三十六年元旦告全体干部书》和《中华民国三十六年元旦告全省民众书》三篇文告,将1947年定为"复兴年",鼓吹反共复兴。

1月14日,人民解放军兵临汾阳城下。18日,解放军攻克孝义。阎锡山十分惊恐,除夜赴平遥坐镇督战外,命令王靖国、赵承绶、孙楚率第六、七、八集团军前往增援,严令三路军配合作战。至月底,汾孝战役结束,此役共歼灭阎锡山军队11000余人,缴获大量的武器弹药。

　　继汾孝战役之后，解放军在山西战场上又连续发动了晋南战役、乡宁战役、正太战役及运城战役，歼灭了阎锡山的大量部队，并解放了大片地区。

　　9月，阎锡山开始在山西执行"三自传训"。地方上由梁化之负责，军队里由王靖国负责。

　　推行"三自传训"，是阎锡山在接收山西过程中，重新建立政权，对民众进行反共教育的一套方式方法。阎锡山回到太原后，提出以太原为中心，实行"百里展开"，向四周扩展。在具体做法上，分三步推进：第一步叫"自清"，就是利用逃亡的地主充当向导，常在夜间突然包围村庄，抓捕共产党的地方干部和群众中的积极分子，对被捕者加以威逼利诱，使其中的一些变节分子再去拉拢更多的群众。第二步叫做"自卫"，即在"自清"之后，将村里的青壮年编成自卫军，经过短期的训练后，挑选可靠者发给枪支，以"保卫村庄"。第三部叫做"自治"，即在实行了"自卫"以后，在治安情况较好的村庄，开始实行"兵农合一"，划给村民份地，强迫农民进行生产。他认为这是对付共产党最好的手段，"怎样和共产党奋斗，只有实行自清、自卫、自治"。实行自清、自卫和自治，就能消灭共产党。

　　阎锡山将"三自传训"列为《动员戡乱复兴工作纲领》的主要内容之一。阎试图在地方推行"三自传训"，把村庄建成所谓的"铁村"，把地方政权建成所谓的"铁政"；在军队中推行"三六一传训"（三个手榴弹、六发子弹和一把刺刀），把部队建成所谓的"铁军"。

　　10月，阎锡山下达手谕，要求各部队将战绩"月月递减的原因，应以军为单位，转饬师团各自检讨"，在彻底检讨之后，由各军将结果上报给他。他还在各种场合不断给其部下打气,要求"作破釜沉舟的奋斗,完成剿匪的使命",以图今后的"复兴"。

1948 年　65 岁

5 月,人民解放军发动临汾战役。在徐向前的指挥下,解放军以四个纵队的兵力向临汾守敌发动攻势。歼灭阎锡山军队 25000余人。临汾是晋南的一个重要城市,也是阎锡山的一个重要据点。临汾解放后,陕南、晋南、豫西广大解放区连成一片。这样,为解放军下一步进攻晋中地区及太原提供了条件。

临汾丢失后,阎锡山召集王靖国、赵承绶、孙楚、梁化之等军政大员商讨对策。会上,阎锡山分析了各方面的形势,总结了与解放军作战的经验教训。阎野战军总司令赵承绶在会上表示愿意按照阎锡山提出的办法率部到晋中,寻机消灭解放军。第三十四军军长高倬之愿意打先锋。当高倬之率部到孝义一带时,遭遇解放军,双方展开激战,晋中战役序幕拉开。

6 月中旬,阎锡山命令"亲训师"由太原开往孝义,配合高倬之作战。该师是在汾孝战役失败后组建起来的。武器装备精良,军官由阎锡山从各部队中挑选出来的所谓"优秀"军官充当。"亲训师"赶到孝义时,战事已经平息,因找不到解放军的去向,只好返回太原。然而,在返回太原的途中,遭遇解放军第八纵队,经过激战,全歼"亲训师",副师长白玉崑、参谋长刘国祥以下大批军官被俘,师长陈震东受伤后逃回太原。

7 月 7 日,解放军将赵承绶部包围。8 日,解放军发动攻击。高倬之见大势已去,丢下部队,换上农民服装趁乱逃往榆次。得知赵承绶部被围,阎锡山十分焦急,他电请蒋介石增派飞机助战,同时命令赵承绶全力突围,但在解放军猛烈火力封锁下突围失败。16日,解放军发动总攻击,赵承绶仍想组织抵抗。这时,一颗炮弹落到赵承绶指挥部的院子里爆炸。野战军副总司令、原驻山西日军头目原泉福小腿被炸伤,他在绝望之中,开枪自杀。其余7名日本军官也纷纷开枪自杀。赵承绶见状,听任部下四散逃命,自己与第三十三军军长沈瑞等束手就擒。

持续一个多月的晋中战役,共歼灭阎锡山军队10万余人,解放县城14座。晋中战役结束后,太原成了处于解放军四面包围之中的一座孤城。

8月中旬,蒋介石在徐永昌、邓文仪等陪同下,乘专机抵达太原。阎锡山率王靖国、孙楚等到机场迎接。蒋、阎在太原绥靖公署密谈两个多小时后,召集军政要员举行会议,会上,蒋介石答应迅速调兵增援山西。会后,蒋介石即刻飞离太原。

9月,阎锡山成立"山西总体战行动委员会",由梁化之总负责,成员包括山西省各部门负责人。

9月28日,阎锡山在太原会见罗马教廷驻华公使黎培理,阐述他对世界局势的看法。阎锡山认为:"资本主义与共产主义是思想上的两个极端,形成现世界的两大壁垒。工人失业社会恐慌是今日社会的病态,加上共产主义的洪流,造成病上加病的状态,若无治病的良方,第三次世界大战即不可避免,必须将机器发达造成的社会病确实治好,才能消除大战的危机。"他请黎培理向教皇转达他的建议:由教皇发起召集一个会议,讨论解决世界问题的办法。他提议实行物本位的货币,以解决经济恐慌,实现各尽所能各得其值的生产、分配制度,以扫除社会不平。

　　10月初,人民解放军开始向太原城逼近。阎锡山提出开展太原保卫战,并把太原命名为"战斗城"。规定了包括军事、政治、经济等各方面内容在内的"战斗城"行动纲领。其要点包括:战斗城以太原城要塞圈为起点,其范围内所有男女成员,均需编组起来,直接或间接向战斗目标努力,建立起地面上的坚固阵地,保证战斗城的任务圆满完成;彻底划清国家与国家敌人,坚决铲除国家的敌人,使战斗城的范围内,皆为国家的成员,没有一个伪装,没有一个两面派的人;确定选官练兵,加强战斗技能,紧密军中战斗空气,一切为了前线,一切支援部队,做到守必固,攻必克;实施兵农政治,组成生活、生产、战斗合一的体制,紧密社会政治空气,壮大开展力量;战斗城内,实行历史上的战斗经济,在只求共生、不谋私蓄的原则下,以劳动结果的生活剩余,增加再生产的资本;实行人、物管制,凡有害于战斗城的人、物往来,绝对管制;普遍实行军训,统一"戡乱"认识,集中"戡乱"力量;加强青年及儿童战时教育,培植新的力量;新闻报导以报导"剿匪"杀敌,推崇战斗英雄,揭发"匪军"阴谋为重心,以激励部队的战斗情绪。

　　阎锡山编制了《战斗城男女成员编队实施办法》和《战斗城参战指挥部组织简则》,保证战斗发生时能够强逼市民上阵参战。阎锡山还建立了"战斗动员工作团",由梁化之任总团长。"工作团"下设五个分团,每个分团200余人,负责太原市一个地带的战斗动员工作。阎锡山还充实了"太原市民众自卫军"的力量,将其人数扩大到6000余人,分为八个总队、一个独立大队和一个通讯排,由太原市市长白志沂兼任自卫军司令。阎锡山对自卫军提出了"舍命才能保命,毁家才能保家"的口号,诱使自卫军为其卖命。

　　在此前后,阎锡山借口支持国民政府发行金圆券,向各营业单位提取大量黄金,派专机送往南京中央银行。后因金圆券贬值,阎不愿吃亏,要求退还黄金,蒋介石允许兑换外汇,但指定此项外汇须向加拿大购买面粉。阎锡山不得已向加拿大购买面粉4000吨,运存上海,高价出售,将所得款项据为己有。山西商人纷纷追至上海,讨还钱财,然终不能得。在逃离太原前,阎还命令由他控制的一批工商企业一律结束业务经营,将货物变款运至上海,由杨爱源负责收集,然后交给阎本人,仅此一项,阎锡山便得黄金4万5千两。晋中战役后,阎锡山在山西已无田赋来源,部队机关的粮饷布匹,均由中央政府提供。阎锡山抓住这一机会,大吃空额,共获黄金约11万5千多两。

12月下旬,阎锡山飞往南京,向蒋介石面陈困境:"太原被围已届3月,弹药补给已感到极度困难","只凭空运接济困难甚多。"

1949 年　66 岁

1月21日,蒋介石下野,退居幕后,由李宗仁代理总统。阎感觉到这是一个机会,便指示在南京的太原绥靖公署副主任杨爱源并利用陈纳德等人,在李宗仁面前周旋,意图由李宗仁发表阎锡山为行政院院长。阎锡山认为,如果这一目的能够实现,便可进退有路:如果太原形势继续紧张下去,他就飞往南京就任行政院院长;若形势有所缓和,就留在太原继续称王。

2月,阎锡山约见美国记者,举行招待会,表示了死守太原的决心。他在桌子上放了一些装有毒药的小瓶子,房间外面摆上了一口棺材。他对美国记者信誓旦旦地说,我阎锡山决心死守太原,要与太原共存亡。如果太原不守,我就和我的干部们饮此毒药,同归于尽。他还令侍从人员给他物色了一个具有"武士道"精神的日本人,整日随他行动,万一出现了无可挽回的危险情况,便让这个日本人开枪将他打死。

3月12日,李宗仁发表何应钦为国民政府行政院院长,并请在南京的贾景德打电报给阎锡山,称阎的名望很高,不敢以行政院院长一职委屈。贾景德在电报中报告说,既然已发表何应钦为行政院长,当然副院长一职未便屈就,容再徐图办法。阎锡山接到电报后,极为恼怒,但当务之急是尽快离开太原,因此急忙复电贾景德,称为拯救晋民,名位高下,在所不计,虽副席亦可。

3月29日下午,山西高级军政人员接到通知,到山西绥靖公署内的阎锡山公馆参加紧急会议。待与会人员到齐后,梁化之上楼请阎锡山下来开会。此时的阎锡山一改往日的暴跳怒骂的神色,他满脸笑容,还不停地与众人点头招呼,与会者感到非常奇怪。阎锡山坐定后,让秘书长吴绍之把李宗仁发来的电报念给大家听:"和平使节定于月杪飞平,党国大事,诸待我公前来商决,敬请迅速命驾,如需飞机,请即电示,以便迎迓。"电报念完后,阎问大家有什么意见,众人自然没有意见。阎锡山最后说,这次去南京开会,也许三天五天,也许十天八天,候和平商谈有了结果,我就回来。言毕,阎起身离座,谢绝众人相送,跨进汽车,风驰电掣地直奔机场,匆忙登机,逃离太原。

阎锡山到南京时,国民党政权已处于风雨飘摇之中,阎锡山开始安排自己的退路。他将国防部拨给他的军饷(包括粮食和金圆券)换成现洋和黄金,又命西北实业公司经理彭士弘将该公司在太原的资金和在上海、天津等地的物资,一律变为黄金,尽量外运,以备后用。同时,把他的亲属做了安排:将他的继母、二儿媳送往台湾,在台北建了阎公馆;把他的四儿子阎志敏及四儿媳裴彬送往美国;又叫他的内弟徐士珙和五儿子阎志惠到日本。这样,以后无论是蛰居台湾还是流亡海外都有可靠的安身之地。

在此期间,正值国共"和谈"的关键时期。阎锡山反对"和谈",在一次秘密会议上,当何应钦将中共提出的八项和谈条件交给与会者讨论时,阎锡山明确表示不能接受。

阎锡山知道,他赖以生存的军队将被人民解放军消灭,依靠军队增强其地位的资本已不存在,所以到南京后,他把主要精力用于拉拢各方要员。他曾多次与美国驻华大使司徒雷登会晤,以图博得美国对他的好感和支持。对于已经下野的蒋介石和代总统李宗仁,阎锡山则利用其矛盾,居中调停,以抬高自己的身价,巩固自己的地位。

在逃离太原之前,阎锡山任命了一个五人小组,负责太原的所有事务,其成员包括梁化之、王靖国、孙楚、赵世铃和吴绍之。阎锡山逃到南京后,仍遥控指挥。他每天都要通过无线电与五人小组进行联系,严厉督促五人小组必须坚守到底。他还在南京四处活动,争取国民党中央在物资上、兵力上对太原的支持。他不断给太原方面打气说,中央已答应派两个师的兵力增援太原,陈纳德的"飞虎队"已经组织起来,不日即飞往太原参加战斗,甚至还说美国、英国海军已决定参加保卫南京、上海和武汉方面的作战。

4月19日,阎锡山电令五人小组,指示无论如何要支持一个星期,只要坚持一个星期,他就一切有办法。

4月20日,解放军发动对太原的总攻。阎部丧失斗志,整团、整营的溃散、投降,城外的据点、工事很快被清除。梁化之急电阎锡山,报告情况紧急。阎电令于城破之时将太原城内的在押政治犯全部杀害,屠杀完毕后,特工人员再实行集体自杀。

4月23日,阎锡山从上海急电梁化之等,命令将太原城内所有大炮集中起来,对北门外的工业区实施猛烈攻击,务必彻底破坏。次日清晨,解放军从四面八方对太原城垣实施猛烈轰击,随后,解放军步兵开始爆破突击,大批敌军纷纷缴械投降,这一命令还没有来得及执行,太原就宣告解放。

6月3日,经迁往广州的国民政府立法院投票表决,阎锡山正式出任国民政府行政院院长。上任伊始,阎立即飞往台湾向蒋介石请示,接着又飞往桂林对李宗仁敷衍了一番后,发布内阁成员名单。阎锡山除掌行政院外,还兼任国防部长一职。他明确表示:"渠所主持的新内阁,系作战内阁,决与共产党斗争到底"。15日,阎锡山草拟了一份《扭转时局方案》,提出要在尚未被解放军占领的省份成立"反共救国军总司令部",由省主席兼任总司令,并规定了一些关于练兵、筹饷的具体办法。

6月20日,行政院第69次会议通过了《行政院战时施政方针案》,从各方面规定了反共的方针政策。在政治上,要"加强省县地方政权,使能适应时机,走上全面总体战的目标","加强地方武装,做到民众自清自卫自治","实行兵农合一,以充裕兵源"。在军事上,要"核定兵额,提高剿匪情绪","厉行赏罚,破格提拔忠勇有功将士,严格整饬军纪,务求做到令行禁止","发展民众武力,做到全面总体战"。在经济上,提出要改革币制,稳定金融,扶植工商业,发展农业生产。在外交上,提出要加强"与各民主友邦反侵略阵线的关系"。

12月,阎锡山随国民政府行政院撤离大陆。

1950 年　67 岁

3月,阎锡山卸任行政院院长职务,退出政治舞台,开始隐居生活。他从此深居简出,闭门著书。在隐居菁山的 10 年里,他刊行问世的著作主要有《共产主义的哲学共产主义共产党的错误》、《收复大陆与土地问题》、《世界和平与世界大战》、《人应当怎样》、《反共的什么凭什么反共》、《反共复国的前途》、《大同之路》、《中国政治与土地问题》等。

1952 年　69 岁

7月10日,阎锡山与外国传教士蓝泽民总主教谈话时说:"我看今日世界各国政府,均是极力的准备第三次世界大战,这个大战起后,是个主义战,主义是不并存的思想战,非到一方消灭时不能停止。再加上原子弹、细菌弹与种种狠毒武器,将造成人类的最大惨剧。如反共国家胜了,世界的人口可能在战争中损失三分之一;如共产集团胜了,一定还要大清算大残杀,连战争的死伤,世界的人口可能损失一半以上。这是人类史上未有的劫运,绝非天主所忍睹。应当有一个挽救劫运,扭转战争为和平的做法,方合乎人类之希求与天主的慈爱。"

1955 年　72 岁

春节,阎锡山在菁山寓所自撰一副春联:"造福世界,替今人正德,替古人宣德,替后人立德,是仁者责任;澄清宇宙,为现世除冤,为往世鸣冤,为来世防冤,乃圣贤心怀。"

1957 年　74 岁

11 月 6 日,阎锡山与日本田耕莘枢机主教会晤,惜别赠言:"就地球的能力说,再增加现在人口一倍甚至两倍,尚能供养,就现在的世界现象说,均是将自己的短说成他人的短,将他人的长说成自己的长,斗争白热化,极端军备竞赛,由原子弹而氢气弹,可能再进而钴弹,大战一发,不只是人类毁灭,恐生物亦将无存。欲挽救此难,只有实行世界民主,在联合国建立世界议会。因世界人民无一愿战争者,能如此,庶几可变人类的毁灭为安和。主教如以所见为是,请建议教皇做一个世界大弥撒,以祈祷世界议会的成立。"

1959 年　76 岁

香港《真报》记者采访阎锡山。当记者和他谈到重返大陆问题时,阎锡山说道:"一旦如能配合国际局势,王师跨海北进,直捣黄龙,毫无问题。诸位别看我阎锡山已老态了,真个一旦反攻号响,看吧,我还要请求率领健儿们再打几个胜仗给国人看看,我有信心。生从太原来,我这把老骨头仍将活着回太原去。"

1960 年　77 岁

5 月的一天,阎锡山心脏病复发,家人把他送到台湾大学医院,抢救无效,于 5 月 23 日 7 时 25 分去世。按照他生前的遗愿,遗体安葬于菁山。

编　后　记

　　阎锡山是中国近现代史上的重要人物。他历经清末、南京临时政府、北洋政府和南京国民政府等重要时期,亲身参与了许多重大的历史事件,担任过各种重要职务。《阎锡山早年回忆录》初版于1968年11月,由台湾传记文学出版社出版。该回忆录自幼年生活起,止于袁世凯帝制失败,虽只有区区30余年的时间,但由于阎锡山耳闻目睹或亲身参与了其间所发生的一系列重大事件,所以该回忆录还是为研究清末新政、辛亥革命、二次革命乃至护国运动等重大历史事件提供了比较可靠的资料。

　　阎锡山又是一个比较复杂的历史人物,海内外史学界对其评价出入很大。在《阎锡山早年回忆录》后所附之《阎公锡山传略》(作者不详)即对阎锡山进行了不切实际的夸大宣扬。对于其中的不实之处,整理时略作删改。与此同时,在书后另附有《阎锡山年谱》,便于读者对阎锡山的一生有一个较为系统的了解。

　　在整理过程中,得到了学友亲朋的无私帮助。高志勇、李凤琴两博士除帮助查阅相关资料外,还对书稿进行认真校对,并提出了宝贵的意见;李朝霞同志帮助进行文字的录入工作。在此,对他们的辛勤劳动和帮助谨致谢忱。

在本书付梓之际,还要感谢人民出版社的领导和编辑。正是由于他们的策划、支持和帮助,使得本书得以顺利出版。

由于时间仓促,书中错误在所难免,敬请读者批评指正。

张殿兴

2012 年 9 月 21 日

责任编辑：王世勇

图书在版编目（CIP）数据

阎锡山回忆录/阎锡山 著. —北京：人民出版社，2012.11（2019.9 重印）
ISBN 978－7－01－011282－4

Ⅰ.①阎⋯　Ⅱ.①阎⋯　Ⅲ.①阎（1883～1960）-回忆录　Ⅳ.①K827＝72

中国版本图书馆 CIP 数据核字（2012）第 233164 号

阎锡山回忆录
YANXISHAN HUIYI LU

阎锡山　著　张殿兴　编

人民出版社 出版发行
（100706　北京市东城区隆福寺街 99 号）

北京汇林印务有限公司印刷　新华书店经销

2012 年 11 月第 1 版　2019 年 9 月北京第 2 次印刷
开本：710 毫米×1000 毫米 1/16　印张：10
字数：109 千字

ISBN 978－7－01－011282－4　定价：46.00 元

邮购地址 100706　北京市东城区隆福寺街 99 号
人民东方图书销售中心　电话（010）65250042　65289539